Principes pour la vie chrétienne
Cours de Base de l'École de Leadership

Église du Nazaréen
Région Mésoamérique

Karla Cordova
et
Monica Mastronardi

Principes pour la vie chrétienne
Livre de la série "École de Leadership"
Cours de base

Autrice: Karla Cordova and Monica Mastronardi de Fernandez
Éditeur d'espagnol: Dr. Mónica E. Mastronardi de Fernández

Éditeur de français: Rev. Monte Cyr

Traducteur: Jeudi Dezama

Formatrice: Bethany Cyr

Reviseur: Enel Jean Joseph

Cette édition est publiée par les Ministères de la Formation de Disciples - Région Mésoamérique Eglise du Nazaréen

Rev. Monte Cyr

www.MedfdiRessources.MesoamericaRegion.org

discipleship@mesoamericaregion.org

Copyright © 2022 - Tous droits réservés
ISBN: 978-1-63580-305-1

L'autorisation est accordée pour copier ou / et photocopier les leçons. Ces droits ne sont autorisés que pour l'utilisation dans les églises locales et non à des fins commerciales.

Toutes les citations sont tirées de la nouvelle version Louis Segond 1910 par la Société biblique internationale, sauf indication contraire.

Conception: Juan Manuel Fernandez Design (jmfdesign@gmail.com)

Image de couverture par Joshua Jordan
Utilisé avec permission (Creative Commons).

Impression Digitale

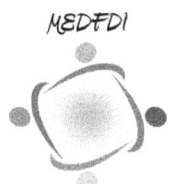

Index des Leçons

Leçon 1	Qu'est-ce que l'Adoration ?	11
Leçon 2	Qu'est-ce que la Bible?	19
Leçon 3	Qui est Jésus?	27
Leçon 4	Qui est le Saint-Esprit?	35
Leçon 5	Pourquoi ai-je besoin d'être sauvé?	43
Leçon 6	Comment puis-je être sanctifié?	51
Leçon 7	Quel est le but de l'Église?	59
Leçon 8	Que dit la Bible de l'avenir?	67

Présentation

La collection de livres **d'École de Leadership** a été conçue dans le but de fournir un outil à l'église pour l'éducation, la formation et l'entrainement de ses membres afin de les intégrer activement au service chrétien selon les dons et l'appel (vocation) qu'ils ont reçu de leur Seigneur.

Chacun de ces livres fournit du matériel d'étude pour un cours du programme de **l'École de Leadership** offert par les institutions théologiques de la région Mésoamérique de l'Église du Nazaréen. Ce sont: IBN (Cobán, Guatemala); STN (ville de Guatemala); SENAMEX (Ville du Mexique) et SENDAS (San José, Costa Rica); SND (Saint-Domingue, République dominicaine) et SETENAC (La Havane, Cuba). Un bon nombre de dirigeants de ces institutions (recteurs, directeurs, vice-chanceliers et directeurs des études décentralisées) ont participé activement à la conception du programme.

L'École de Leadership a cinq cours de base, communs à tous les ministères, et six cours spécialisés pour chaque ministère, à l'issue desquels l'institution théologique respective accorde à l'étudiant un certificat (ou diplôme) en ministère spécialisé.

L'objectif général de **l'École de Leadership** est: « collaborer avec l'église locale dans le soin des saints pour le travail du ministère cimenter en eux un savoir théologique biblique et les développer dans l'exercice de leurs dons pour le service dans leur congrégation locale et dans la société. » Les objectifs spécifiques de ce programme sont au nombre de trois:

- Développer les dons du ministère de la congrégation locale.
- Multiplier les ministères de service au sein de l'église et la communauté.
- Eveiller la vocation à une pastorale professionnelle diversifiée.

Nous remercions le Dr Mónica Mastronardi de Fernández pour son dévouement en tant que rédactrice général en chef du projet, les coordinateurs régionaux des ministères et l'équipe d'écrivains et designers qui ont collaboré à ce projet. Nous sommes également reconnaissants aux enseignants et éducateurs qui partageront ces matériaux. Eux et elles feront une différence dans la vie de milliers de personnes dans toute la Région Méso-Amérique.

Enfin, nous ne pouvons pas rater de remercier le Dr L. Carlos Sáenz, directeur régional MAR, pour son support permanent dans cette tâche, en raison de sa conviction de la nécessité prioritaire d'une église entièrement équipée.

Nous prions pour la bénédiction de Dieu pour tous les disciples dont la vie et le service chrétien sera enrichi par ces livres.

Dr. Ruben E. Fernandez
Coordonnateur de l'Éducation et du Développement Pastoral
Région de la Méso-Amérique

Qu'est-ce que l'École de Leadership?

L'École de Leadership est un programme d'éducation pour les laïcs dans différentes spécialités ministérielles pour les impliquer dans la mission de l'église locale. Ce programme est administré par les institutions théologiques de l'Église du Nazaréen dans la région Méso-Amérique et transmis à la fois à leur siège et dans les églises locales enregistrées.

À qui s'adresse l'École de Leadership?

Pour tous les membres en pleine communion des Églises du Nazaréen qui, ayant participé aux niveaux B et C du programme de la formation de disciple, ils souhaitent de tout cœur découvrir vos dons et servir Dieu dans son œuvre.

Un Parcours de Grâce

Dans l'Église du Nazaréen, nous croyons que faire des disciples à l'image du Christ dans les nations est le fondement de l'œuvre missionnaire de l'Église et la responsabilité de sa direction (Éphésiens 4: 7-16). Pour cela, au niveau mondial, la mise en œuvre du discipulat progressif est promue sous la devise "Un parcours de grâce" (Jean 14: 6), un style de vie de discipulat. L'école de Leadership fait partie de la section Grâce Sanctifiante, et est conçue pour ceux qui ont a traversé les sections de la grâce prévenante et de la grâce salvatrice du chemin du discipulat.

UN PARCOURS DE GRÂCE

LA GRÂCE PRÉVENANTE	LA GRÂCE SALVATRICE	LA GRÂCE SANCTIFIANTE		
"Je suis le chemin"	*"Je suis la vérité"*	*"Je suis la vie"*		
Dieu prépare le chemin devant nous. Il tend la main et nous fait signe vers lui, nous entraînant dans une relation plus profonde avec lui. Cette grâce précède notre réponse et en même temps permet notre réponse.	Jésus nous sauve du péché et il nous conduit à la vérité … la vérité qui nous libère. Nous recevons le don de la grâce salvatrice en croyant en dieu. Il nous rachète, fait de nous une nouvelle création et nous adopte dans sa famille.	Le saint-esprit nous donne la force de vivre pleinement consacrée à dieu. La grâce sanctifiante commence au moment où nous expérimentons le salut. Mais cela est suivi d'une croissance spirituelle dans la grâce, jusqu'à ce que, dans un moment de pleine consécration et d'abandon complet de notre part, dieu purifie et lave le coeur.		
		Chrétien Mature		
		CROISSANCE EN SAINTETÉ	**DÉVELOPPEMENT MINISTÉRIEL**	**ÉDUCATION POUR LA VIE ET LE SERVICE**
		De l'adhésion à l'entière sanctification et engagement au service et au ministère	Découverte de la vocation, développement de dons et des talents. École du Leadership	Croissance intégrale à la ressemblance du Christ
Non Chrétien	*Nouveau Chrétien*		**DÉVELOPPEMENT PROFESSIONNEL**	
APPROCHE Évangélisme	**BAPTÊME ET ADHÉSION** Discipulat pour les nouveaux Chrétiens		Formations spécialisées dans les institutions théologique	

Le travail de disciple est continu et dynamique, c'est-à-dire que le disciple ne cesse de grandir à la ressemblance de son Seigneur. Ce processus de développement, lorsqu'il est sain, se produit dans toutes les dimensions: dans la dimension individuelle (croissance spirituelle), dans la dimension de sainteté de vie (transformation progressive de notre être et de notre faire selon le modèle de Jésus qui est le Christ) et en la dimension du service (investir la vie dans le ministère).

Dr. Monica Mastronardi de Fernandez
Rédacteur Général des Livres de l'École de Leadership

Comment utiliser ce livre?

Ce livre que vous tenez est pour le cours d'introduction: Découvrir ma vocation dans le Christ, du programme d'École de Leadership. L'objectif de ce cours est d'aider les membres des églises du Nazaréen de découvrir leurs dons et leur vocation ministérielle, et en même temps les encourager à s'inscrire à l'École de Leadership afin de s'équiper pour servir le Seigneur dans leur église locale.

Comment le contenu de ce livre est-il organisé?

Chacune des huit leçons de ce livre contient les éléments suivants:

> **Les objectifs:** Ce sont les objectifs d'apprentissage que l'élève est censé atteindre en terminant l'étude de la leçon.

> **Les idées principales:** Il s'agit d'un résumé des principaux enseignements de la leçon.

> **Le développement de la leçon:** Il s'agit de la section la plus complète car il s'agit du développement du contenu de la leçon. Ces leçons ont été écrites en pensant que le livre est l'enseignant, de sorte que son contenu est exprimé de manière dynamique, dans un langage simple et connecté avec les idées du monde contemporain.

> **Notes et commentaires:** Les tableaux en marge visent à clarifier les termes et fournir des notes qui complètent ou étendent le contenu de la leçon.

> **Questions:** Parfois, des questions sont incluses dans la marge que l'enseignant peut utiliser pour introduire, appliquer ou renforcer un thème de leçon.

> **Qu'avons-nous appris?:** Dans un encadrement qui apparaît à la fin du développement de la leçon, on a fourni un bref résumé de ce qui a été appris.

> **Activités:** Il s'agit d'une page à la fin de chaque leçon qui contient des activités d'apprentissage individuel ou en groupe lié au sujet étudié. Le temps estimé pour son achèvement en classe est de 20 minutes.

> **Évaluation finale du cours:** Il s'agit d'une feuille insérée dans la dernière page du livre et qui une fois terminée, l'étudiant doit séparer le livre et le remettre au professeur du cours. La durée estimée de cette dernière activité de renforcement est de 15 minutes.

Combien de temps dure le cours?

Ce livre a été conçu pour que le cours puisse être enseigné selon des différentes modalités:

En cours de 8 sessions:

Au total, 12 heures de cours face à face sont nécessaires, réparties en 8 séances de 90 minutes. Les jours et les heures seront coordonnés par chaque institution théologique et chaque église ou centre local d'études. Dans cette heure et demie, l'enseignant doit inclure le temps pour les activités contenues dans le livre.

En atelier de 3 sessions:

- Session plénière de 90 minutes (leçon 1).
- Six ateliers de 90 minutes chacun. Les participants assistent à l'un de ces ateliers selon leurs dons les plus dominants (leçons 2 à 7).
- Dernière séance plénière de 90 minutes (leçon 8).

Exemple de répartition du temps de l'atelier d'un samedi:

Atelier: Découvrir votre vocation dans le Christ

8:00am	Inscription
8:30 à 10:00 am	Plénière: Découvrir vos dons spirituels
10:00 à 10:30 am	Pause
10:30 à 12:00 pm	Ateliers sur les spécialités ministérielles
12:00 à 1:00 pm	Déjeuner.
1:00 à 2:30 pm	Plénière. Quel est mon rôle dans le Corps du Christ?
2:30 à 3:00 pm	Pause
3:00 à 4:00 pm	Présentation de l'École de leadership et préinscription aux cours de base

Quel est le rôle de l'étudiant?

L'étudiant est responsable de:

1. S'inscrire au cours à temps.
2. Acquérir le livre et étudier chaque leçon avant le cours de face à face.
3. Assister aux cours ponctuellement.
4. Participer aux activités de classe.
5. Participer à la pratique du ministère à l'église locale en dehors de la classe.
6. Compléter l'évaluation finale et la remettre à l'enseignant.

Quel est le rôle de l'enseignant du cours?

Les professeurs des cours de l'École de leadership sont des pasteurs et des laïcs engagés dans la mission et le ministère de l'Église et de préférence qui ont l'expérience du ministère qu'ils enseignent. Ils sont invités par le directeur de l'école de leadership de l'église locale (ou de l'institution théologique) et ses fonctions sont:

1. Se préparer à l'avance en étudiant le contenu du livre et en programmant l'utilisation du temps en classe. Pendant que vous étudiez la leçon, vous devriez avoir la Bible et un dictionnaire à portée de main. Même si dans les leçons un vocabulaire simple est utilisé, il est recommandé de "traduire" ce qui est considéré difficile de comprendre les élèves, c'est-à-dire de mettre la leçon dans la langue qu'ils et elles comprennent mieux.

2. Assurez-vous que les élèves étudient le contenu du livre et atteignent les objectifs d'apprentissage.

3. Planifier et accompagner les étudiants dans les activités de pratique du ministère. Ces activités doivent être programmées et planifiées avec le pasteur local et le principal du ministère respectif. Pour ces activités, le temps ne doit pas être déduit des cours de face à face.

4. Garder à jour les constances et les notes sur le formulaire de rapport de classe. La moyenne finale sera le résultat de ce que l'étudiant montre dans ces activités suivantes:

    a. Travail en classe

    b. Participation à la pratique ministérielle en dehors de la classe.

    c. Évaluation finale

5. Rassembler les feuilles "Évaluation", les remettre avec le formulaire "Rapport de classe" au moment de finaliser le cours auprès du directeur de l'école de leadership locale, ceci après avoir évalué, fermer les moyennes et vérifier que toutes les données sont complètes dans le formulaire.

6. Les enseignants ne doivent pas ajouter de devoirs d'étude ou de lectures en dehors du contenu du livre. S'ils doivent faire preuve de créativité dans la conception des activités d'apprentissage en classe et dans la planification des activités du ministère en dehors de la classe en fonction de la réalité de son église local et son contexte.

Comment enseigner à une classe?

Il est recommandé d'utiliser les 90 minutes de chaque cours de face à face comme suit:

- **5 minutes:** Faites un lien avec le sujet de la leçon précédente et prier ensemble.

- **30 minutes:** Révision et discussion du développement de la leçon. Il est recommandé d'utiliser un croquis imprimé, un tableau noir ou du papier cartonné ou autre disponible, utiliser la dynamique des aides d'apprentissage et visuelles telles que des graphiques, des dessins, des objets, des images, des questions, demander aux élèves de présenter des parties de la leçon, etc. Non recommandé d'utiliser le discours ou demander à l'enseignant de relire le contenu de la leçon.

- **5 minutes:** Pause en milieu de classe ou quand il est pratique de créer un intervalle.

- **20 minutes:** Travaille sur les activités du livre. Cela peut être fait au début, au milieu ou à la fin de l'examen, ou vous pouvez terminer les activités au fur et à mesure de leur progression dans les sujets et de leur relation avec eux.

- **20 minutes:** Discussion sur la pratique ministérielle qu'ils ont faite et ce qu'ils auront. Au début du cours, les étudiants doivent se voir présenter le programme de la pratique du cours pour eux de prendre des dispositions pour y assister. Dans les classes où parler de la pratique qu'ils ont déjà pratiquée, la conversation doit être dirigée pour que les élèves partagent ce qu'ils ont appris; à la fois de leurs succès et de leurs erreurs, ainsi que les difficultés qui ont surgi.

- **10 minutes:** Prière pour les problèmes découlant de la pratique (défis, personnes, problèmes, objectifs, gratitude pour les résultats, entre autres).

Comment faire l'évaluation finale du cours?

Accordez 15 minutes de temps aux étudiants de la dernière classe du cours. Si cela était nécessaire pour eux et ils peuvent consulter leurs livres et Bibles. Les évaluations finales ont été conçues pour être une activité de renforcement de ce qui a été appris au cours et non une répétition de mémoire du contenu du livre. Ce qui est proposé avec cette évaluation est de mesurer la compréhension et appréciation de l'étudiant envers les sujets abordés, sa croissance spirituelle, son progrès dans l'engagement à la mission de l'église locale et avancement dans l'expérience ministérielle.

Activités de pratique ministérielle

Les activités suivantes sont suggérées pour la pratique du ministère en dehors des cours.

Dans la liste ci-dessous, vous trouverez deux suggestions pour chacune des six spécialités du ministère, avec afin d'aider les enseignants, les pasteurs, le directeur de l'école locale de leadership et les directeurs locaux de ministère. Parmi eux, vous pouvez choisir celui qui convient le mieux à la réalité contextuelle et au ministère de l'église locale ou elle peut être remplacée par une autre selon les besoins et les possibilités.

Si vous choisissez le cours en huit séances, vous pouvez programmer une ou deux pratiques dans les semaines entre elles.

Si vous choisissez le mode atelier, nous vous recommandons de faire un stage comme clôture du cours dans la semaine suivante ou si l'atelier a lieu sur deux week-ends, prévoyez une pratique entre les deux.

Suggestions des activités de la pratique ministérielle pour Principes pour la Vie Chrétienne

1. Durant la durée du cours, chaque étudiant formera un nouveau croyant avec les Nouvelles leçons de la vie en Christ (niveau de grâce salvatrice du plan du parcours de grâce).

2. Un comité des étudiants élaborera un plan pour réaffirmer les articles de foi de l'Église du Nazaréen pendant les services d'une manière créative, en utilisant les ressources et les talents disponibles.

3. Concevoir une invitation à une activité d'évangélisation sur le thème Qui est Jésus? Cela peut être un petit-déjeuner, un café d'après-midi, un dîner ou autre. (Cette activité peut être combinée avec les suggestions aux points 4 et 5).

4. Inviter la famille, les amis et les voisins à l'activité d'évangélisation en utilisant les invitations (période 3). Pour le rendre plus intéressant, commencez par leur demander de mentionner une question qu'ils ont à propos de Jésus. Prenez note des questions puis utilisez-les comme guide pour les sujets à développer dans l'activité.

5. Concevoir une activité d'évangélisation avec musique et/ou salon des talents et message évangélique sur le thème Qui est Jésus? (Cette activité peut être complétée par celles qui sont suggérées dans les points 3 et 4).

6. Organiser un concours de dessin pour enfants sur le thème Quel est le but de l'Église?

7. Au cours de la première semaine du cours, interrogez les membres de la congrégation pour identifier à ceux qui n'ont pas l'expérience d'être remplis du Saint-Esprit. Puis pendant un mois priez pour ces gens soient remplis de la puissance de Dieu.

8. Organiser une retraite d'une journée ou d'un week-end pour prier et découvrir le sujet: Comment puis-je être rempli du Saint-Esprit? Il peut s'agir d'une activité en groupe ou pour toute la congrégation. (Cette activité peut être complétée par celle du point 7).

Leçon 1

Qu'est-ce que l'Adoration?

Les Objectifs
- Identifier les mauvais enseignements à propos de Dieu.
- Savoir ce que la Bible enseigne sur Dieu.
- Valoriser le Dieu amoureux et saint.

Les Idées Principales
- Dieu existe et s'est révélé en trois personnes différentes: Père, Fils et Saint-Esprit.
- La théologie nous aide à étudier les qualités étonnantes de notre Dieu.
- Les deux qualités remarquables du caractère de Dieu sont sainteté et amour.

Introduction

Comment Dieu est-il pour les gens de votre communauté?

L'objectif de cette leçon est de connaître les vérités fondamentales que la Bible enseigne au sujet de Dieu. Nous devons commencer par préciser qu'aucun être humain peut englober avec son intellect limité une compréhension pleine du magnifique Créateur de l'univers. Cependant, la Bible fournit des enseignements afin que nous puissions connaître notre Dieu plus clairement et ainsi être en mesure de l'approcher et de se rapporter à Lui. Avec l'aide de la théologie nous étudierons qui est Dieu?

Qu'est-ce que la théologie? La théologie est l'étude ordonnée de la vérité sur Dieu et sa relation avec l'homme, telle qu'elle nous a été révélée dans Les Saintes Écritures. La théologie est la science qui nous aide à répondre aux questions les plus importantes de la vie: d'où je viens? Quel est mon objectif dans la vie?, où irai-je quand je mourrai?, entre autres. La théologie est aussi nécessaire à la foi chrétienne que le squelette au corps humain. Le chrétien a besoin de connaître et de comprendre les vérités que la Parole déclare afin que vous puissiez les comprendre assez clairement pour les enseigner, les vivre et les défendre.

Le Dieu des chrétiens est-il l'un des autres dieux?

Il existe de nombreux faux "dieux" créés par des êtres humains.

"Or, la vie éternelle, c'est qu'ils te connaissent, toi, le seul vrai Dieu, et celui que tu as envoyé, Jésus le Christ" (Jean 17 : 3 VLS).

Dans l'Ancien Testament, toute chose ou personne qui était un objet d'adoration, en dehors de Jéhovah, elle était considérée comme une "idole"; cela veut dire qu'il y a quelque chose qui usurpait la place qui n'appartenait qu'à Dieu. Les prophètes de l'Ancien Testament a constamment dénoncé la folie de ceux qui faisaient confiance aux "dieux" faits par des mains humaines, créés par des êtres humains en fonction de leurs besoins et de leurs caprices égoïstes.

Selon le professeur Orton Wiley, l'idolâtrie "donne des honneurs divins à des idoles, à des images ou à tout objet, mais elle peut aussi consister en une admiration, une vénération ou un amour excessifs pour une personne ou une chose".

Certains groupes "chrétiens" ont répandu le concept de "dieu" qui est au service de l'homme. Ce "dieu" est celui qui peut être manipulé pour plaire aux souhaits de ses "serviteurs". Autres, adeptes de la soi-disant "théologie de la prospérité", ils conçoivent Dieu comme dont la priorité est d'apporter la "prospérité économique" à ceux qui l'adorent. Des autres ont fait de Dieu une aide juste pour le temps de besoin, quelqu'un vers qui se tourner quand ils ont besoin d'aide, quelque chose comme l'essuie-glace de voiture, dont nous ne nous souvenons que lorsqu'il pleut.

Pourquoi les gens préfèrent-ils un "dieu" à leur mesure plutôt que de connaître le vrai Dieu ? C'est parce que les êtres humains sont très à l'aise d'être leurs propres "dieux", tout en vivant leur vie comme si Dieu n'existait pas.

Le problème est qu'en reconnaissant qu'il existe un Dieu qui est le créateur et le propriétaire de tout, ils devraient également accepter que ce Dieu est à part entière, le Propriétaire et Seigneur de leur vie et une telle reconnaissance les conduirait à changer leur mode de vie. , ils ne pouvaient plus vivre une vie guidée par les caprices de sa volonté.

Bref, ceux qui nient l'existence de Dieu ou ne montrent aucun intérêt à connaître le vrai et unique Dieu, c'est parce qu'ils ne sont pas disposés à assumer leur responsabilité devant l'Être suprême (Romains 1:28-29). Pour qu'une personne en arrive au point de reconnaître Dieu comme Seigneur de sa vie, il y a plusieurs obstacles qu'elle doit franchir:

- Le premier obstacle est d'admettre que Dieu existe, ce qui est difficile car ils ne veulent pas perdre la liberté de vivre selon leurs désirs et leurs plaisirs.

- Le deuxième obstacle est de reconnaître que Dieu est souverain, créateur de tout (y compris les êtres humains). C'est difficile car cela implique d'accepter que Dieu contrôle la vie et que vous vous engagez à lui rendre compte de ce que vous en faites.

- Le troisième obstacle est de donner à Dieu ce que Lui seul mérite de recevoir : l'adoration. Cela implique de déplacer le centre du culte de nous-mêmes vers Dieu, mais c'est difficile, car les êtres humains veulent toujours être reconnus et recevoir la gloire.

Les êtres humains se trompent en pensant qu'ils ont le droit de juger, de recevoir la gloire, et d'exercer une autorité ou un pouvoir sur leur propre vie et celle des autres que Satan a mis avant Adam et Eve, lorsqu'il les a provoqués par le désir d' "etre comme Dieu" (Genèse 3:4-5).

"Il n'y a pas plus de Dieu que Moi"

La Bible dévoile le seul et vrai Dieu.

Le prophète Isaïe a proclamé que l'Éternel est le seul vrai Dieu, tout-puissant, créateur du ciel et de la terre, seigneur des seigneurs et roi des rois. Isaïe 45:21-22 dit: "Déclarez-le, et faites-les venir! Qu'ils prennent conseil

> *"Moi, je suis l'Éternel, en dehors de moi il n'y a pas d'autre sauveur"* (Esaïe 43:11).

Dieu et les dieux
Dans la littérature chrétienne et dans la Bible, quand Dieu est écrit avec "D" majuscule fait référence au seul vrai Dieu, mais quand il s'écrit avec le "d" minuscule, cela fait référence aux autres dieux qui ne sont pas vrais, bien que les gens qui les adorent pensent qu'ils le sont.

Pour l'étude de Qui est dieu?
Esaïe 6:1-7, 45:20-23
Exode 3:14-15
Deutéronome 33:27
Psaume 16:2; 102: 27
Esaïe 45:20-21
1 Jean 4:7-1
1 Timothée 1: 17
Apocalypse 4:8

Le Dieu Trinitaire
"Nous croyons en un seul Dieu existant éternellement et infini, Souverain de l'univers ; que lui seul est Dieu, créateur et administrateur, saint en nature, attributs et objectif; qu'il, en tant que Dieu, Il est fidèle dans son être essentiel, révélé comme Père, Fils et Esprit Saint. (Genèse 1; Lévitique 19:2; Deutéronome 6:4-5; Esaïe 5:16; 6:1-7; 40:18-31; Matthieu 3:16-17; 28:19-20; Jean 14:6-27; Galates 4:4-6; 1 Corinthiens 8:6; 2 Corinthiens 13:14; Éphésiens 2:13-18) ". (Manuel de l'Église du Nazaréen 2017-2021. Article de foi I).

les uns des autres! Qui a prédit ces choses dès le commencement, Et depuis longtemps les a annoncées? N'est-ce pas moi l'Éternel? Il n'y a point d'autre Dieu que moi, Je suis le seul Dieu juste et qui sauve. Tournez-vous vers moi, et vous serez sauvés, Vous tous qui êtes aux extrémités de la terre! Car je suis Dieu, et il n'y en a point d'autre". Cette déclaration a été faite par le prophète lorsque tous les peuples voisins d'Israël étaient polythéistes, c'est-à-dire qu'ils adoraient de nombreux dieux différents. Malheureusement, Israël est également tombé dans ce péché.

Isaïe enseigne que Dieu est totalement différent de ces "dieux" créés par l'homme. Pour ces peuples, l'idée d'un Dieu créateur, tout-puissant, unique et soutenant de tout ce qui existe, était difficile à accepter. C'est pour cette raison qu'ils avaient une multitude de dieux qui étaient capturés dans des images à la ressemblance d'humains ou d'animaux. Ces dieux avaient les mêmes faiblesses et imperfections humaines, mais leurs adorateurs croyaient qu'ils étaient "plus grands" et "plus puissants" qu'eux. Sans aucun doute, ils ont voulu représenter dans cette "idole" le désir tant attendu d'"être comme des dieux", un désir que Satan, sous la forme d'un serpent, a placé dans le cœur de l'homme dans le jardin d'Eden (Genèse 3:4-5).

Sommes-nous des chrétiens polythéistes parce que nous croyons en un Dieu trinitaire?

Les chrétiens ont-ils un Dieu ou trois dieux?

Les enseignements de Jésus le Christ dans les chapitres 14 et 16 de l'Évangile de Jean sont utiles pour comprendre le mystère de la Trinité. Le Maître a enseigné qu'il y a un Père, un Fils et un Saint-Esprit, qu'ils existent et sont liés en parfaite communion, dans l'unité et dans l'amour, et que ces trois personnes sont un seul et même Dieu. L'homme et la femme ne peuvent pas aller au Père (Philippiens 4:20), sans d'abord se rapporter au Fils (Matthieu 1:21; Tite 1:3), et ils ne peuvent pas se rapporter au Fils, sans dépendre du Saint-Esprit (Éphésiens 2:18).

Il ne fait aucun doute que cette vérité révélée dans les Écritures dépasse ce que la raison peut comprendre, mais cela ne signifie pas qu'elle n'est pas vraie. C'est une réalité qui ne peut être acceptée que par la foi.

Le Père, le Fils et le Saint-Esprit collaborent à la mission de sauver les êtres humains de leur péché. Ils travaillent continuellement pour apporter le salut à toutes les familles de la terre, mais jamais indépendamment, mais en équipe et en dirigeant le ministère de l'Église.

Qui est dieu?

Dieu possède des vertus uniques qui le distinguent de tous les autres êtres vivants.

Lorsqu'on essaie de décrire Dieu, on parle de sa nature, c'est-à-dire les attributs (caractéristiques ou qualités) de son être que Lui seul possède. La théologie organise et décrit ces caractéristiques, qui sont résumées dans le tableau suivant:

ATTRIBUTS DE DIEU	DESCRIPTION	DES PASSAGES
Éternel	L'existence de Dieu n'avait pas un commencement et il n'aura pas de fin. Il est commencement et la fin. Dieu existe avant l'histoire et existera après elle.	Job 36:26; Psaume 90:2, 102:25-27; Esaïe 40:4; 1Timothée 1:17; Apocalypse 1:8, 4:8.
Souverain et Créateur	En tant que créateur et pourvoyeur de la vie, Dieu est souverain, il a le contrôle et droit sur le destin de sa création.	Exode 3:14-15; Psaume 16:2; 115:3.
Omniscient	Dieu a la parfaite connaissance de toute choses, donc Il est omniscient. Dieu seul sait tout le passé, le présent et les événements du futur. Il sait ce qui se trouve le plus profond du cœur humain et la vie de chacun.	Deutéronome 2:7; Job 37:16; Proverbes 2:5-7; Psaumes 3:11; 81:14-15; 94:11; 104:24; 139:1-4; 147:5; Matthieu 11:21; Jacques 1:15.
Omnipotent	Dieu tout-puissant est tout-puissant. Il n'existe aucune limite à la puissance de Dieu, Il peut faire ce qu'il veut, il n'y a rien d'impossible pour Dieu.	Job 37:23; Jérémie 32:17; Psaume 33:8-9.
Immuable	Dieu ne change pas, ne varie pas. Dieu n'est pas capricieux mais constant dans son amour et le but du salut.	Malachie 3:6.
Omniprésent	Dieu omniprésent est toujours présent en tout lieu en même temps. Il remplit tout, rien n'existe en dehors de sa présence. Il n'y a pas de place sur terre, la mer, le ciel ou l'enfer où on peut fuir la présence de Dieu. Cet attribut est seulement de Dieu, ni Satan ni les anges ou démons.	Jérémie 23:24; Psaume 139:7-12.
Esprit	Dieu ne possède pas de corps physique, Il est esprit et invisible à nos yeux.	Jean 4:24; Colossiens 1:15; 1 Timothée 1:17; Hébreux 11:27.

Alpha et Omega sont les premiers et dernière lettre de l'alphabet Grec, alors quand Dieu dit qu'il est Alpha et Omega ça veut dire que c'est avant tout le reste et c'est après de tout le reste, c'est-à-dire Il est le commencement de tout et sera toujours la fin de tout.

*Le nom **Jéhovah** dérive du mot Hébreu hwh ou hyh (être), et cela se traduit par "Celui qui est". Il fait référence à l'éternité et autonomie de Dieu sur la création. Cela signifie aussi "celui qui donne la vie".*

*Le mot **Adonaï** en hébreu signifie seigneur, maître, propriétaire. La Bible affirme que Dieu est le propriétaire de tout et pourquoi en conséquence, il a le droit de revendiquer l'obéissance inconditionnelle de tous les êtres humains.*

Leçon 1 - Qu'est-ce que l'Adoration?

À quoi ressemble le caractère de Dieu?

Les deux qualités suprêmes qui décrivent le caractère de Dieu sont la sainteté et l'amour.

Dieu est le créateur et soutien de tout l'univers et la recherche avoir la communion avec les créatures qui vivent dans lui. Dieu n'a pas abandonné sa création (enseignement déistes); Soit l'a laissée à la dérive, pour que tout soit survenu comme fruit de l'évolution naturelle (comme affirment les évolutionnistes), ni il n'a pas été distribué non plus en particules d'énergie faisant partie de sa création (comme croient les panthéistes ou la Nouvelle Ère).

Dieu est une personne avec un caractère plein de qualités exceptionnelles et Il veut partager ces magnifiques qualités avec Ses fils et filles.

L'Ancien Testament affirme que Dieu est saint (en hébreu, qadash). Cette sainteté n'est pas une de ses qualités, mais constitue son caractère essentiel (Lévitique 19:2; Exode 15:1, Psaume 22:3; Jean 17:11). Cela signifie que Dieu peut être appelé "saint" de la même manière que nous appelons Dieu, parce que "Saint est son nom" (Esaïe 57:15; Luc 1:49; Apocalypse 4:8).

Dieu est le seul être saint en lui-même (Isaïe 6:1-7). Dans l'Ancien Testament, la qualité de saint est également donnée aux lieux, aux objets et aux personnes qui sont consacrés au service de Dieu. Par exemple, le samedi est un jour saint, parce qu'il en avait été séparé par Jéhovah (Genèse 2:3; Exode 20:8). Le mont Sion était saint, car c'est là que Dieu s'est révélé à Abraham (Psaume 2:6). Les prêtres étaient saints parce que Dieu les avait mis à part pour cet office (Exode 28:41).

Lorsque la Bible affirme que Dieu est saint, cela signifie que Dieu est éthiquement et moralement parfait, et que ses qualités de justice, de vérité, de fidélité et d'intégrité sont absolues ou parfaites en lui. Dieu veut que ses enfants soient saints ou parfaits en lui de la même manière que lui (1 Pierre 1:16; Matthieu 5:48). L'Esprit Saint est celui qui produit dans le disciple du Christ cette sainteté progressive qui commence au moment de la conversion et s'approfondit avec le remplissage de l'Esprit dans la sanctification (Philippiens 3:12; Colossiens 1:28).

Alors que l'Ancien Testament met l'accent sur la sainteté de Dieu, le Nouveau Testament souligne que Dieu est amour. Dans 1 Jean 4:8, il est dit que Dieu est amour, c'est-à-dire que l'essence même de son être est amour. L'amour de Dieu c'est la force qui fait bouger ce monde et la puissance qui est présente et qui motive tout ce qu'il fait.

Bien que cela semble contradictoire, même son jugement et sa colère sont le résultat de son amour et sont dirigés vers tout ce qui blesse ses créatures. C'est pourquoi la Parole enseigne que Dieu déteste le péché, mais aime le pécheur. Dieu agira toujours selon ce qui est juste et juste, il récompensera ceux qui font le bien et punira ceux qui font le mal.

Dieu a envoyé son Fils dans le monde pour montrer son amour et enseigner à ses fils et filles à aimer comme il aime. Quelles sont les caractéristiques de cet amour de Dieu ? La réponse à cette question se trouve dans 1 Corinthiens 13:4-7.

L'amour qui vient de Dieu est…

1. Il est subi
2. Il est gentil
3. Il n'est pas envieux
4. Il ne se félicite pas.
5. Il n'est pas orgueilleux
6. Il ne fait rien de mal
7. Il n'est pas égoïste
8. Il ne se met pas en colère
9. Il ne garde pas de rancune
10. Il ne se réjouit pas de l'injustice
11. Il souffre tout
12. Il croit tout
13. Il espère tout
14. Il soutient tout

Les chrétiens sont appelés à laisser grandir cet amour saint de Dieu de plus en plus dans leur être. Le but de la vie chrétienne est d'être mûr dans l'amour à Dieu et au prochain, grandir dans cette qualité d'amour, c'est grandir en sainteté de vie. Le but est d'atteindre la plénitude de l'amour qui était en Jésus le Christ qui nous a montré le style de vie qui plaît au Père (Ephésiens 4:15).

> "Jéhovah notre Dieu, Jéhovah est un " c'est une déclaration claire du monothéisme, qu'il n'y a qu'un seul Dieu, ce Dieu est un. Il est une unité, il n'y a pas un autre Dieu (Deutéronome 6:4 VLS).

QU'AVONS-NOUS APPRIS?

La théologie nous aide à savoir ce que la Bible enseigne sur le vrai et unique Dieu créateur, pourvoyeur de vie et souverain de l'univers et ainsi pouvoir le différencier des autres "dieux" créés par des êtres humains. Dieu est un, mais il a été révélée en trois personnes : Père, Fils et Saint-Esprit. Dieu est un Dieu de saint et amoureux qui aspire à sauver les êtres humains de la puissance destructive du péché pour les amener à la joyeuse communion avec Lui.

Leçon 1 - Qu'est-ce que l'Adoration?

Des Activités

Temps 20'

INSTRUCTIONS:

1. Élaborez une liste de quelques idoles que les gens ont aujourd'hui.

   _____
   _____
   _____
   _____

2. En groupes de trois, choisissez l'un des attributs de Dieu et sélectionnez une image ou une illustration familière dans son contexte, qui est utile pour enseigner aux non-chrétiens sa signification d'une manière simple et visuelle.

   _____
   _____
   _____
   _____

3. Dans vos propres mots, écrivez en cinq lignes une réflexion personnelle sur "Notre Dieu est un Dieu de saint et amoureux."

   _____
   _____
   _____
   _____
   _____

4. En groupes de 3 à 4 membres, discutez puis proposez une solution pour le cas suivant:

"Antonio, 18 ans, est un nouveau chrétien et étudie à l'université. Plusieurs de ses professeurs lui ont dit que Dieu n'existe pas, que c'est quelque chose que les gens ont inventé. Le professeur de chimie, par exemple, insiste sur le fait qu'une chose telle que Dieu ne peut pas exister, arguant qu'elle ne peut pas être vue, que son existence ne peut pas être prouvée, et que si elle existait, il n'y aurait pas de faim, de pauvreté, d'injustice, de haine, de guerres. , etc. dans ce monde. Antonio est confus et a commencé à douter de l'existence de Dieu."

Que diriez-vous à Antonio pour l'aider à affirmer sa croyance dans l'existence de Dieu?

   _____
   _____
   _____
   _____
   _____
   _____

Leçon 2

Qu'est-Ce Que la Bible?

Les Objectifs

- Connaître l'origine des Saintes Écritures.
- Expliquer l'inspiration de la Bible.
- Valoriser la Bible pour la vie du croyant.

Les Idées Principales

- La Bible est le livre à travers lequel Dieu parle à ses fils et filles.
- Le Saint-Esprit a guidé les auteurs bibliques pour transmettre le Message de Dieu à son peuple.
- L'étude quotidienne de la Parole est ce qui nourrit la vie du chrétien.

Introduction

La Bible est une collection de 66 livres écrits par plus de 40 auteurs parmi lesquels des rois, des prophètes, des bergers, des artisans, des pêcheurs, des soldats, des poètes, des médecins, des ministres du gouvernement et de nombreuses autres personnes, qui ont été inspirés et guidés par l'Esprit de Dieu.

Certains de ces auteurs sont distants de plus de 1500 ans. Cependant, la correspondance et l'unité entre eux, qui pour la plupart n'ont pas appris à se connaître personnellement, est extraordinaire.

Il n'y a pas d'autre livre comme la Bible, qui, ayant été inspiré par Dieu, est le seul qui puisse satisfaire pleinement tous les besoins humains.

Comment la Bible a-t-elle été écrite?

Dans cette section, nous apprendrons l'histoire des origines de la Bible.

Depuis les temps les plus reculés, Dieu a ordonné à son peuple de transmettre la Parole par tous les moyens possibles pour que leurs enfants et petits-enfants pouvaient connaître et vivre dans la volonté de Dieu (Deutéronome 6:6-9).

Les livres de la Bible ont été écrits par ordre de Dieu. Moïse a collecté les histoires de ses ancêtres qui sont actuellement dans le livre de la Genèse et qu'elles ont été transmises oralement ou sous forme de pierres d'argile. L'archéologie a confirmé que l'écriture était utilisée plus que 1000 ans avant Abraham (Hébreux 9:19; Deutéronome 27:2-8).

Au commencement, les livres de la Bible ont été écrits en plusieurs langues:

— **En hébreu**, presque tous les 39 livres de l'Ancien Testament. Les Israélites ont appris cette langue des peuples sémitiques qui vivaient à Canaan depuis l'époque d'Abraham.

— **En araméen**, certaines portions de Daniel et Esdras. Le peuple juif a appris cette langue pendant la captivité babylonienne. L'araméen est devenu la

---

Les Saintes Écritures
"Nous croyons dans l'inspiration plénière des Saintes Écritures, par lesquelles nous comprenons les 66 livres de l'Ancien et Nouveau Testament, donné par l'inspiration divine, révélant infailliblement la volonté de Dieu concernant nous dans tout ce dont on a besoin pour notre salut, d'une manière qui n'est pas due imposer comme article de foi aucun enseignement qui n'est pas en elles"
(Luc 24 :44-47; Jean 10:35; 1 Corinthiens 15:3-4; 2 Timothée 3:15-17; 1 Pierre 1:10-12; 2 Pierre 1:20-21). (Manuel de l'Église du Nazaréen 2017-2021, article de Foi n° 4).

langue d'usage populaire et c'est ce que parlait Jésus qui est le Christ. Matthieu a écrit son évangile en araméen, bien qu'il ait ensuite été traduit en grec.

—**En grec**, la plupart des livres du Nouveau Testament. À l'époque de Jésus le Christ, tous les écrits de l'Ancien Testament avaient été traduits en grec car c'était la langue commune utilisée dans les pays de l'Empire romain.

Dieu merci, la Bible a été traduite et publiée dans des centaines de langues et nous y avons accès dans notre propre langue.

La Parole de Dieu a été inspirée par le Saint-Esprit

Nous croyons que la Bible entière est la Parole de Dieu.

Dans 2 Pierre 1 : 19-21, l'apôtre déclare: *"Et nous tenons pour d'autant plus certaine la parole prophétique, à laquelle vous faites bien de prêter attention, comme à une lampe qui brille dans un lieu obscur, jusqu'à ce que le jour vienne à paraître et que l'étoile du matin se lève dans vos cœurs; sachant tout d'abord vous-mêmes qu'aucune prophétie de l'Écriture ne peut être un objet d'interprétation particulière, car ce n'est pas par une volonté d'homme qu'une prophétie a jamais été apportée, mais c'est poussés par le Saint Esprit que des hommes ont parlé de la part de Dieu."*

En analysant ces paroles de Pierre, on peut affirmer en premier lieu qu'il n'y avait aucun doute dans son esprit que nous avons la Parole la plus sûre. L'authenticité des Écritures de l'Ancien Testament en tant que Parole de Dieu pouvait facilement être vérifiée puisque toutes leurs prophéties concernant le Messie se sont accomplies dans la vie de Jésus le Christ.

Pierre affirme également que la Parole de Dieu n'a pas été apportée par la volonté humaine, mais que son origine est divine. Il utilise le verbe grec fero, qui signifie porter ou apporter. L'utilisation de ce verbe indique que les auteurs *"ont été "conduits" ou "poussés" par le Saint-Esprit, n'agissant pas selon leur propre volonté, ni exprimant leurs propres pensées, mais suivant la pensée de Dieu dans des mots donnés et administré par Lui"* (Vine, 1999: 459).

Dans 2 Timothée 3:16 aussi Paul dit: *"Toute Écriture est inspirée de Dieu et utile pour enseigner, pour reprendre, pour corriger et pour instruire dans la justice, ..."* Le mot inspiration est la traduction de l'adjectif grec theopneustos qui signifie littéralement "souffle de Dieu". Les gens de l'époque où le Nouveau Testament a été écrit associaient l'idée de l'action du Saint-Esprit à la façon dont le vent se déplace, car dans les deux cas, on ne peut pas les voir, mais on peut sentir sa présence et voir ses effets.

"Inspiré" signifie alors que le Saint-Esprit était présent d'une manière spéciale et miraculeuse avec les auteurs bibliques, révélant des vérités qu'ils n'avaient pas connues auparavant, guidant leurs pensées et en leur demandant de choisir les mots appropriés pour exprimer le message qu'ils avaient reçu de Dieu.

Le verbe hébreu, traduit écriture, signifie "Séparer ou couler" et fait référence à la méthode de l'écriture cunéiforme, qui plus tard dans l'histoire évolué en paroles de l'alphabet. La science a identifié 600 signes différents à l'écrit cunéiforme.

Depuis dans les temps d'Abraham à Moïse l'écriture faisait au moyen d'un poinçon qui laissait des "marques" ou des "coins" sur des "tables" d'argile qui étaient ensuite séchées et durcies pour leur conservation. Ce type d'écriture est connu sous le nom d'écriture cunéiforme.

En Mésopotamie (lieu de provenance d'Abraham), il y avait des écoles pour enseigner la lecture et l'écriture. En Sumer et Acad, 60 000 trouvés "tablettes d'argile" qui date de l'époque d'Abraham (2100 avant JC).

Pour étudier l'inspiration de la bible:
2 Pierre 1:21
Hébreux 3:7, 10:15-16
1 Corinthiens 2:13
2 Timothée 3:16

"En étudiant la Bible avec détail microscopique, il brille plus clairement son origine divin, tandis que nous voyons sa perfection de forme et contenu" (Torrey, R.A).

L'Église du Nazaréen croit que la Bible entière est la Parole de Dieu ; que ses auteurs ont été "inspirés" par Dieu, c'est-à-dire qu'ils ont été guidés par Dieu lui-même, afin de fournir aux êtres humains les connaissances nécessaires sur le Créateur afin qu'ils puissent vivre dans l'obéissance et la communion avec Lui. Croyez aussi que Dieu lui-même nous a fourni ce guide sûr pour vivre chaque jour dans la sainteté à l'exemple de Jésus.

La Parole a-t-elle une validité dans les temps modernes?

Nous croyons que l'autorité de la Bible est la même pour tous les âges.

Parce que les auteurs bibliques ont communiqué le message qu'ils ont reçu de Dieu aux gens de leur temps, certains ne croient pas que le message biblique soit pertinent à nos jours. Mais bien que les temps changent, la volonté de Dieu pour les êtres humains ne change pas, car Dieu est le même hier, aujourd'hui et éternellement. Les êtres humains peuvent changer, mais le moyen du salut que Dieu a révélé dans la Bible pour les êtres humains ne perdra jamais sa validité.

Bien que la Parole de Dieu soit une, tous les chrétiens n'acceptent pas son autorité comme la seule norme de leur vie. Il y a des églises qui accordent la même autorité en matière de foi et de conduite chrétiennes à des autres sources:

✓ L'expérience individuelle et personnelle.

✓ L'expérience collective ou collectée de générations de croyants.

✓ Des autres sources d'autorité, telles que les opinions des dirigeants ecclésiastiques ou des fondateurs d'une église particulière.

Par exemple, l'Église catholique romaine considère la parole des papes de l'égale autorité comme la Bible. C'est pourquoi ils acceptent des doctrines et des pratiques qui ne peuvent être fondées sur le texte biblique, telles que : le culte des saints décédés, l'ascension de Marie, entre autres. Il en est de même de groupes comme les Mormons ou les Témoins de Jéhovah, qui placent les idées ou les enseignements de leurs fondateurs au même rang d'autorité ou plus élevé que les Écritures.

L'Église du Nazaréen accepte comme inspirés de Dieu les 66 livres de la Bible qui sont également acceptés par les autres Églises protestantes. L'Église catholique romaine incorpore des autres livres appelés "apocryphes", c'est-à-dire non inspirés.

Jésus et les Écritures	
Il l'a obéi	Il est venu l'accomplir: Matthieu 5:17-20
Il a été guidé par son plan	Il a accompli les prophéties sur sa vie: Matthieu 16:21-23
Il s'est sou-mis au plan de salut du Père.	A suivi sa mission de Sauveur: Jean 8:39-42
Il a accompli la loi cérémonielle	Il pratiquait tout ce qu'on attend d'un bon juif: Marc 14:16-18
Il s'est conformé à la loi morale	Il est devenu l'exemple parfait: Jean 11:1-44

Le verbe grec fero signifie porter, apporter. L'adjectif grec theopneustos, est la conjonction de deux mots: Theos, Dieu et paniquez, respirez. Ils traduisent dans nos Bibles avec des mots comme inspiré, guidé ou conduit.

Combien le chrétien a-t-il besoin de savoir sur la Bible?

Le chrétien a besoin d'étudier la Parole de Dieu à fond.

Ouvrir la Bible est similaire à l'ouverture du programme de messagerie électronique dans nos ordinateurs où Dieu nous communique sa volonté.

Lorsque les chrétiens négligent de lire la Bible, leur développement spirituel ralentit. L'étude de la Bible devrait faire partie de la vie quotidienne du chrétien plutôt que de simplement la lire et l'étudier dans les services religieux.

L'apôtre Paul exhorte Timothée à être un étudiant dévoué de la Parole de Dieu (2 Timothée 3: 14-1) et cette exhortation s'adresse également à chaque chrétien. Chaque fois qu'il cherche Dieu et ouvre les pages de sa Bible, le croyant se connecte avec Dieu. La lecture de la Bible est une nourriture spirituelle : "L'homme ne vivra pas seulement de pain, mais de toute parole qui sort de la bouche de Dieu" (Matthieu 4 :4).

La Parole de Dieu est puissante à enseigner et à corriger. La Bible nous guide pour vivre plus près de Dieu et plus loin du péché ; elle fait voir quand on est sur le mauvais chemin; Il nous convainc du péché et nous montre que Jésus qui est le Christ est le seul chemin vers le salut. La Bible est extraordinairement puissante pour amener à la connaissance de Dieu et transformer des vies. Elle est comme une épée à deux tranchants qui pénètre les profondeurs du cœur (2 Timothée 3:16). La Parole de Dieu corrige et prépare pour toute bonne œuvre.

La bible est la lettre d'amour de Dieu pour nous afin de nous montrer comment arriver à avoir une communion intime avec Lui par Jésus qui est le Christ

Pierre compare la Parole à une lampe qui brille pour nous guider à travers les ténèbres épaisses (2 Pierre 1 : 19-21). Il est dit d'un certain capitaine que par une nuit noire, il a guidé son navire en haute mer. Soudain, le guetteur l'avertit qu'il voyait une lumière devant eux. Le capitaine a supposé que c'était la lumière d'un autre navire, alors il a ordonné à la vigie d'envoyer un message pour que ce navire s'écarte parce qu'il était dans sa ligne de navigation.

Leçon 2 - Qu'est-Ce Que la Bible?

> *Jésus a dit: "non seulement de pain l'homme vivra, mais de toute parole qui sort de la bouche de Dieu" (Matthieu 4:4).*

Par le moyen des signaux, ils répondirent qu'ils ne bougeraient pas et que c'étaient eux qui devaient changer la route de leur navire. Le capitaine insista pour qu'ils se retirent de leur route, car leur navire portait des insignes royaux. La réponse qu'il reçut fut la suivante : "Peu importe le nombre d'insignes de son capitaine, ce sera vous qui devrez vous déplacer, car la lumière que vous voyez est celle d'un phare".

Tout comme ce phare, la Parole de Dieu demeure et personne n'a le droit de la modifier à volonté. Elle ne change pas. Il ne négocie pas avec le péché, ni ne justifie un comportement pécheur. C'est l'être humain qui doit être transformé pour vivre selon les commandements du Seigneur.

Pour le chrétien, la Bible est le livre le plus important au monde puisqu'il communique le plan de Dieu pour sa vie et pour le ministère de l'église.

Comment écouter la voix de Dieu à travers la Bible?

Cette section comprend une méthode simple pour étudier la Bible.

Beaucoup de chrétiens ne savent pas étudier la Bible, c'est pourquoi, nous incluons ces étapes simples dans cette leçon:

1. Commencer par prier pour que le Saint-Esprit parle à travers la portion de la Parole à lire.

2. Lire le passage. Pour les nouveaux croyants, il est conseillé de commencer avec l'un des quatre évangiles (Matthieu, Marc, Luc ou Jean) et lire quelques versets chaque jour.

3. Pendant la lecture, répondez à ces questions:
   - **Que dit-il?** Pour mieux comprendre le passage, il est conseillé de le lire en au moins deux versions. Par exemple : Dieu parle aujourd'hui ; Traduction en langue actuelle, nouvelle version internationale, Version Louis Segond 1910, entre autres.
   - **Que signifie?** Essayez de penser à ce que ce message signifiait pour les personnes qui l'ont entendu pour la première fois. Pour répondre à cette question, il est bon, si possible, d'avoir un commentaire biblique et un dictionnaire biblique à portée de main.
   - **Qu'est-ce que Dieu dit à ma vie?** Lorsque vous répondez à cette question, pensez en cercles concentriques. Au milieu du cercle se trouve votre propre vie, puis votre famille, vos amis, votre église, votre travail ou votre studio, vos voisins les plus proches, votre communauté, votre pays et votre monde.
   - **Comment puis-je commencer à mettre cela en pratique dès cette semaine?** Le chrétien grandit à l'image du Christ, non seulement en entendant la voix de Dieu, mais en la mettant en pratique dans sa vie.

La Bible contient l'esprit de Dieu, l'état de l'homme, le moyen du salut, la condamnation des pécheurs et le bonheur des croyants. Ses doctrines sont saintes, ses commandements sont bons et ses histoires sont vraies. C'est une source de sagesse pour l'être humain, il faut y croire pour être sauvé, et le pratiquer pour être saint. Elle contient la lumière pour nous guider, de la nourriture pour nous soutenir, pour consoler et nous encourager.

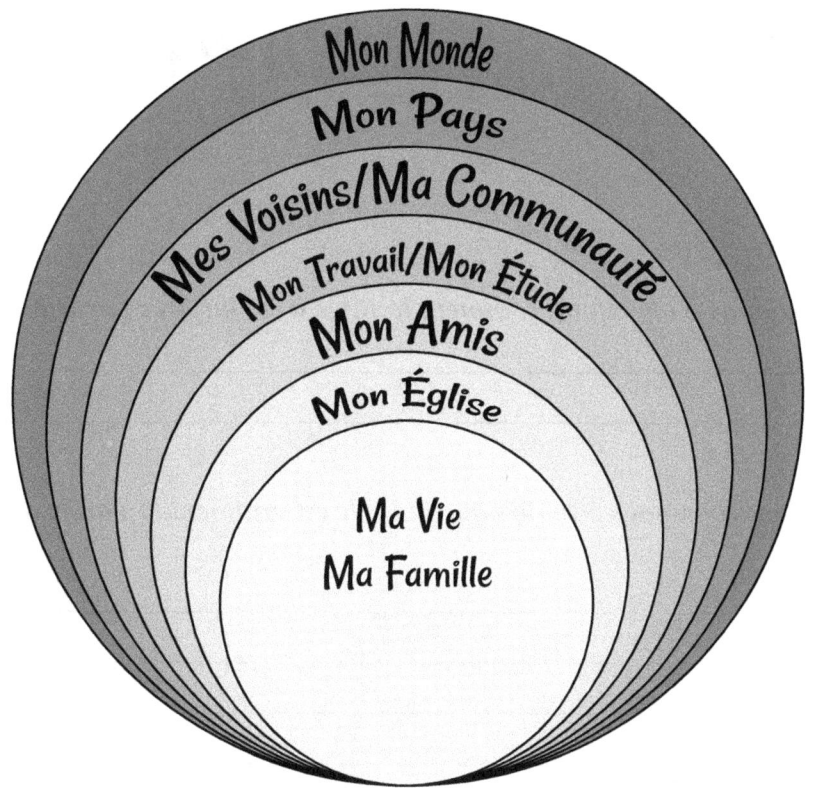

Le temps que nous passons à étudier la Bible est notre meilleur investissement.

"La Bible ne nous a pas été donnée pour élargir nos connaissances. Elle a été donnée pour changer nos vies." (D. L. Moody)

Aujourd'hui, il existe de nombreuses ressources pour comprendre le message que Dieu a laissé à ses fils et filles dans la Bible. Chaque chrétien peut progressivement acquérir au moins deux versions de la Bible, dont une en langage simple ; un bon commentaire biblique (de préférence d'éditeurs nazaréens ou wesleyens), un dictionnaire biblique et un dictionnaire de la langue espagnole. Il existe également de précieuses ressources de ce type sur Internet.

Qu'avons-nous Appris?

Toute la Bible est la Parole de Dieu, écrite par des auteurs inspirés par Lui. Par la Bible, Dieu lui-même parle à ses fils et à ses filles, leur montrant le chemin du salut, leur enseignant à vivre dans la sainteté à l'image de son Fils Jésus qui est le Christ et les appelle à servir les autres.

Leçon 2 - Qu'est-Ce Que la Bible?

Des Activités

INSTRUCTIONS:

1. Expliquez avec des mots simples, comme à un enfant, comment la Bible a été inspirée par Dieu.
   _____
   _____

2. Si quelqu'un demande: Comment pouvons-nous être sûrs que la Bible est vraiment la Parole de Dieu? Quelle serait votre réponse?
   _____
   _____
   _____
   _____

3. En plus de l'étude individuelle ou familiale, mentionnez de quelles autres manières la Parole est-elle apprise dans les ministères de l'église.
   _____
   _____
   _____
   _____

4. Lisez le Psaume 1:1-3 et écrivez un commentaire en appliquant les paroles du psalmiste à votre vie : "'.. dans la loi du Seigneur il se réjouit, et il la médite jour et nuit."
   _____
   _____
   _____
   _____

5. En groupes de trois ou quatre, qu'ils partagent leurs propres expériences sur la façon dont le Saint-Esprit a parlé ou guidé à un moment précis de leur vie par la Parole.
   _____
   _____
   _____
   _____

Leçon 3

QUI EST JÉSUS ?

Les Objectifs

- Comprendre la double nature divine et humaine de Jésus qui est le Christ.
- Connaître sa fonction en tant que Sauveur, Seigneur et Guérisseur.

Les Idées Principales

- La deuxième personne de la Trinité s'est incarnée et a pris la forme humaine en Jésus le Christ.
- En Jésus le Christ, les natures coexistaient entières et parfaites divine et humaine.
- Jésus le Christ est le seul Sauveur et Seigneur ayant le pouvoir de pardonner et de guérir.

Uniquement engendré: fils unique

Introduction

La foi en Jésus-Christ est la croyance caractéristique du christianisme, mais tout le monde n'accepte pas le Christ révélé dans la Bible. Par exemple : les Témoins de Jéhovah ne croient pas en la divinité du Christ ; Les mormons nient que Jésus-Christ a été conçu par le Saint-Esprit. Ce sont des exemples d'idées fausses sur Jésus-Christ qui circulent dans nos communautés.

Les nazaréens croient que Jésus est le Fils de Dieu qui est venu sauver le monde de la puissance du péché et ainsi restaurer la communion des êtres humains avec Dieu. Sa mission n'était pas seulement d'atténuer les maux et les souffrances des gens, mais il est venu mettre un remède définitif à la racine du mal qui vit dans le cœur humain.

Dans son article de foi numéro 2, l'Église du Nazaréen déclare:

"Cristos" est le nom Grec pour Messie en hébreu et fait référence a la nature divine du Fils éternel de Dieu. Jésus le Christ, qui veut dire Sauveur, est le nom qui indique sa nature humaine, incarné. C'est pourquoi c'est correct de se référer au Fils de Dieu comme Jésus le Christ, nom indiquant sa double nature divine et humaine.

"Nous croyons en Jésus qui est le Christ, la deuxième personne de la Trinité divine; qu'il est éternellement un avec le Père ; qui s'est incarné par le Saint-Esprit et est né de la vierge Marie, afin que deux natures entières et parfaites, c'est-à-dire que la Divinité et l'humanité étaient unies en une seule Personne, vrai Dieu et vrai homme, le Dieu-homme."

"Nous croyons que Jésus-Christ est mort pour nos péchés, et qu'il est vraiment ressuscité d'entre les morts et a repris son corps, ainsi que tout ce qui se rapporte à la perfection de la nature humaine, après quoi il est monté au ciel et y intercède pour nous."

(Matthieu 1:20-25; 16:15-16; Luc 1:26-35; Jean 1:1-18; Actes 2:22-36; Romains 8:3, 32-34; Galates 4:4-5; Philippiens 2:5-11; Colossiens 1:12-22; 1Timothée 6:14-16; Hébreux 1:1-5; 7:22-28; 9:24-28; 1 Jean 1:1-3; 4:2-3, 15) (Manuel de l'Église du Nazaréen 2017-2021).

Jésus-Christ est Dieu

Cette section étudie la nature divine de Jésus.

La Bible déclare que Jésus-Christ est la Parole, la Parole éternelle de Dieu: *"Au commencement la Parole existait déjà, et la Parole était avec Dieu, et la Parole était Dieu."* (Jean 1:1). Le Christ a existé éternellement avec le Père et l'Esprit, c'est-à-dire qu'avant que le Fils de Dieu ne naisse comme Jésus, il existait déjà comme Dieu, et même lorsqu'il existait comme homme il n'a jamais cessé d'être Dieu (Jean 8:58).

Jésus a enseigné qu'il est un avec le Père (Jean 17:21) et a accepté d'être appelé "Fils de Dieu" (Matthieu 14:33; Jean 9:38; Hébreux 2:9). L'apôtre Paul met l'accent sur la divinité du Christ, réfutant l'enseignement des philosophes grecs de son temps qui affirmaient que la matière (le corps) était mauvaise et que l'esprit était bon et qu'il n'était donc pas possible que Dieu puisse habiter dans un corps humain. (Colossiens 1:15-22; 2:2, 3, 9). Jésus n'était pas seulement pleinement Dieu, mais aussi pleinement humain.

Le péché originel: *C'est une condition ancestrale qui réside dans le cœur humain et qui le pousse à vivre égoïstement, satisfaisant ses propres désirs et caprices. Chaque chrétien a besoin d'être purifié de cette condition par le remplissage du Saint-Esprit (Éphésiens 2:3).*

L'humanité de Jésus le Christ

Le salut est dû au fait que Jésus le Christ s'est humilié jusqu'à la plus basse couche.

Jésus est né d'une femme vierge, dont l'ovule a été fécondé par le Saint-Esprit (Matthieu 1:25). La naissance de Jésus est un événement unique dans l'histoire, qui ne se répétera jamais, c'est le miracle de l'incarnation.

L'apôtre Paul écrit dans Philippiens 2:5-8: *"Ayez en vous les sentiments qui étaient en Jésus Christ, lequel, existant en forme de Dieu, n'a point regardé comme une proie à arracher d'être égal avec Dieu, mais s'est dépouillé lui-même, en prenant une forme de serviteur, en devenant semblable aux hommes; et ayant paru comme un simple homme, il s'est humilié lui-même, se rendant obéissant jusqu'à la mort, même jusqu'à la mort de la croix!"*

Jésus qui est le Christ n'a pas eu recours à ses privilèges divins, mais s'est plutôt "vidé" c'est-à-dire "s'en est vidé" pour accomplir la mission confiée par son Père. Le divin Créateur a choisi de partager la nature inférieure de ses créatures, c'est-à-dire qu'il a renoncé à ses privilèges divins, pour devenir l'un de nous.

Ce "dépouillement" de Jésus le Christ ne signifie pas qu'il a renoncé à son origine et à son identité divines, mais plutôt qu'il a pris le chemin du service obéissant envers le Père, sachant que l'obéissance le conduirait éventuellement à la croix du Calvaire. Par conséquent, lorsque Jésus le Christ "s'est abaissé volontairement", il s'est identifié à la douleur, aux sentiments et aux souffrances qui font partie de l'existence humaine.

Lorsque les Écritures disent qu'Il "s'est fait chair", cela signifie qu'Il a "adopté" la nature humaine. C'est-à-dire que le Fils infini et éternel de Dieu est devenu fini, l'Invisible est devenu visible et palpable, l'Éternel a été limité au temps, et le Surnaturel s'est réduit au naturel. La Bible enseigne que les faux enseignants et les fausses religions sont ceux qui nient l'incarnation de Jésus le Christ.
(Jean 1:14, 6:51,55)

Expiation: c'est l'acte de payer la dette de quelqu'un d'autre. C'est ce que Jésus a fait quand il est mort sur la croix : il a subi le châtiment que notre péché méritait selon la justice de Dieu. En payant notre dette, il nous a rendus libre de la puissance du péché et de la mort. Ce n'est que par son abandon volontaire que l'on peut s'appeler fils et filles de Dieu et recevoir le don de la vie éternelle (2 Corinthiens 5:19, Hébreux 2:17).

Il faut également se rappeler que Jésus le Christ n'est pas venu d'une maison riche avec richesse et pouvoir, mais est né dans une famille humble (Luc 2). De cette façon, il s'identifiait à la majorité de l'humanité et connaissait la douleur et la privation des plus pauvres. Dans les évangiles il est affirmé que Jésus a éprouvé toutes sortes de besoins: il avait faim, soif, fatigue, il est aussi dit qu'il dormait, pleurait, souffrait de douleur, de rejet, de faiblesse et de mort physique (Matthieu 4:2; Jean 4:6; 12:27; Ésaïe 53:3-5; 1 Pierre 3:18).

Grâce à l'obéissance de Jésus le Christ, le salut était possible. Jésus le Christ est l'exemple ultime d'humilité, d'obéissance et d'abnégation.

Jésus le Christ partageait véritablement et complètement la nature humaine à l'exception du péché (2 Corinthiens 5:21), il n'y avait pas de péché originel en lui et dans sa vie, il n'a pas commis de péché (1 Pierre 2:22).

Jésus le Christ est notre Sauveur

Jésus le Christ est le seul chemin vers le Père.

La Bible dit que *"Dieu était en Christ, réconciliant le monde avec lui-même."* (2 Corinthiens 5:19) Le nom "Jésus le Christ" exprime le caractère unique de sa mission. Il résulte de l'union de deux mots: Jésus et Christ. Christ est le terme grec pour Messie, tandis que le mot hébreu Jésus signifie Sauveur. Jésus est l'Agneau parfait (sans tache) envoyé par Dieu pour être sacrifié (expiation) et ainsi sauver l'humanité du châtiment que mérite son péché aux yeux de Dieu: la mort et la séparation éternelle d'avec le Créateur.

Racheter, étymologiquement, signifie racheter quelque chose qui était perdu.

Une déclaration sommaire du dessein de Dieu en envoyant son Fils unique dans le monde se trouve dans Jean 3:16-21.

1. **Le caractère de Dieu:** "Dieu a tant aimé…" (3:16), enseigne que l'origine et l'initiative du salut sont nées de l'amour de Dieu pour les êtres humains. C'est un amour plein de compréhension, de tendresse et de miséricorde.

2. **L'objet de l'amour de Dieu:** "… Dieu a aimé le monde…", montre l'étendue de l'amour de Dieu. Dieu a aimé le monde et il n'y a personne qui en soit exclu (Esaïe 45:22). Nous sommes l'objet de l'amour de Dieu. Merci Seigneur!

3. **Le don de l'amour de Dieu:** "… il a donné son Fils unique…" Le Père a donné son propre Fils, le seul, qu'il aimait beaucoup, pour récupérer ses enfants perdus et qu'ils aient la vie éternelle.

4. **Le but de l'amour de Dieu:** "… afin que quiconque croit en lui ne périsse point, mais qu'il ait la vie éternelle." Il y a ici deux aspects importants de l'amour de Dieu. Premièrement, le Seigneur ne veut que personne ne se perde. Cela montre qu'il n'a pas abandonné l'humanité. Deuxièmement, la grande démonstration ou manifestation de l'amour

"Il n'y a de salut en aucun autre; car il n'y a sous le ciel aucun autre nom qui ait été donné parmi les hommes, par lequel nous devions être sauvés." (Actes 4:12).

de Dieu se fait par Jésus-Christ, de telle manière que quiconque croit en lui ou l'accepte comme son Sauveur a la vie éternelle.

La Bible déclare que Jésus-Christ est le seul moyen de salut prévu par Dieu pour les êtres humains. Alors qu'est-ce que cela signifie de croire en Jésus qui est le Christ?

- C'est accepter l'amour de Dieu.
- C'est croire que Dieu a envoyé Jésus qui est le Christ pour nous sauver par sa mort et sa résurrection.
- C'est accepter Jésus comme Sauveur et Seigneur.
- C'est suivre Jésus comme ses disciples.
- C'est soumettre notre volonté dans l'obéissance au Christ complètement, et sans excuses.

Lorsque la Bible parle de croire, elle ne se réfère pas seulement à la connaissance de la tête, mais à un style de vie. Ce n'est pas de la même manière que nous croyons qu'un des héros de l'histoire de notre pays a existé. Il ne s'agit pas non plus de croire seulement à certaines occasions où nous avons besoin que Jésus accomplisse un miracle pour nous. Il s'agit de mettre toute confiance en Jésus-Christ et de remettre notre vie présente et future entre ses mains. Cette façon de croire est évidente dans la manière dont on vit chaque jour à la suite de Jésus.

La Parole enseigne que ceux qui rejettent le Fils de Dieu et ne croient pas en Lui sont condamnés par leur propre décision. Tout le monde est libre d'accepter l'invitation du Seigneur et Sauveur ou de la rejeter (Jean 3:17-21). La décision est individuelle.

Pour l'étude de Jésus le Christ et son œuvre rédemptrice:
Jean 3:16-21
Philippiens 2:5-11
Luc 4:16-30, 9:1-6
Matthieu 20:29-34
Actes 9:32–35

Jésus le Christ est Seigneur des Seigneurs

Dieu a exalté Jésus-Christ comme la plus haute autorité de l'univers.

L'apôtre Paul parle aussi dans Philippiens 2 de l'exaltation du Christ: *"C'est pourquoi aussi Dieu l'a souverainement élevé, et lui a donné le nom qui est au-dessus de tout nom, afin qu'au nom de Jésus tout genou fléchisse dans les cieux, sur la terre et sous la terre, et que toute langue confesse que Jésus Christ est Seigneur, à la gloire de Dieu le Père."* (Philippiens 2:9-11).

Exalter signifie élever une personne ou une chose à une plus grande dignité ou catégorie. Après avoir passé trois jours dans le tombeau, Jésus apparut devant ses disciples ressuscités et resta avec eux pendant quarante jours. Après cela, il monta vers son Père et termina ainsi son ministère sur terre. En ressuscitant Jésus d'entre les morts, le Père l'a exalté au plus haut point, mais en quoi consiste cette exaltation?

Paul dit que Dieu lui a donné un nom qui est au-dessus de tous les noms. C'est difficile à comprendre, à quel point peut-il être important de

Et en se manifestant comme homme, il s'est humilié et est devenu obéissant jusqu'à la mort, et la mort sur la croix ! C'est pourquoi Dieu l'a élevé au-dessus et Il lui a donné le nom qui est au-dessus de tout nom, de sorte que devant le nom de Jésus incline tous les genoux dans le ciel et sur terre et en bas de la terre, et que toute langue confesse que Jésus le Christ est le Seigneur, pour la gloire de Dieu le Père. (Philippiens 2:8-11).

Leçon 3 - Qui est Jésus ?

> *"Nous croyons à la doctrine biblique de la guérison divine et nous exhortons nos districts à chercher l'opportunité de faire une prière de foi pour la guérison des patients. Nous croyons aussi que Dieu guérit à travers agences de sciences médicales."*
>
> (2 Kings 5:1-19; Psaume 103:1-5; Matthieu 4:23-24; 9:18-35; Jean 4:46-54; Actes 5:12-16; 9:32-42; 14:8-15; 1 Corinthiens 12:4-11; 2 Corinthiens 12:7-10; James 5:13-16) (Article of Faith No. 14, Manual of the Church of the Nazarene 2009-2013).

changer de nom? Dans notre contexte social pour nommer nos enfants, il suffit que nous consultions une liste, nous demandons des suggestions ou leur donnons le nom d'un de nos proches. Mais dans les cultures orientales, donner le nom à l'un des fils ou filles était de la plus haute importance, car avec le nom, ils exprimaient le caractère de cette personne. Les versets 10 et 11 communiquent cette idée du Seigneur Jésus, son nom est au-dessus de tous les noms. Il n'y a pas de plus grande autorité que celle de Jésus qui est le Christ dans l'univers!

Ce nouveau nom décrit sa véritable nature divine et le place au-dessus de toute création, y compris les êtres spirituels, les êtres humains et toutes les autres créatures. Ce nom est l'équivalent de celui donné à Dieu dans l'Ancien Testament comme Roi souverain (Isaïe 45:21-23; Actes 2:34, 36). La Parole dit que tout a été créé par Lui et pour Lui, et en Lui tout subsiste, Il est Seigneur des morts et des vivants (Romains 14:6-9; Colossiens 1:16,17). Jésus-Christ est le possesseur et contrôle tout ce qui existe. La volonté de Dieu est que chaque personne reconnaisse Jésus qui est le Christ comme leur seigneur et leur Seigneur.

Jésus le christ guérisseur

Jésus le Christ a porté nos maladies à la croix.

La maladie et la mort n'ont jamais fait partie du plan initial du Créateur pour sa création, mais ils sont venus à la suite du péché de l'humanité. Le sacrifice de Jésus-Christ sur la croix du Calvaire apporte non seulement le pardon mais aussi la guérison (Isaïe 53:4-5). La maladie, la douleur et la mort ne seront plus présentes dans la vie éternelle (Apocalypse 22:2).

Jésus avait de la compassion pour les malades. Il considérait la maladie comme une occasion de montrer la gloire et la compassion de Dieu et d'éveiller en eux l'intérêt d'entendre la bonne nouvelle du salut (Matthieu 4:23). En cela, il a donné l'exemple à l'Église.

Dans Luc 9:1-6 et Actes 9:32-35, le ministère des disciples continuant l'œuvre de Jésus qui est le Christ est mis en évidence. Ils prêchaient le message du Royaume des Cieux, mais ils se souciaient aussi des besoins physiques et émotionnels des gens. Partout où ils ont servi, la présence de Jésus le Christ, son amour, sa miséricorde et sa puissance étaient avec eux.

> *"Cependant, ce sont nos souffrances qu'il a portées, C'est de nos douleurs qu'il s'est chargé; Et nous l'avons considéré comme puni, Frappé de Dieu, et humilié. Mais il était blessé pour nos péchés, Brisé pour nos iniquités; Le châtiment qui nous donne la paix est tombé sur lui, Et c'est par ses meurtrissures que nous sommes guéris"*
> *(Esaïe 53:4-5).*

Tous les chrétiens ont l'autorité spirituelle de prier pour les malades avec foi et compassion. Dieu peut aussi guérir par les traitements de la science. Lorsqu'un malade, en plus de prier, il doit avoir recours à une consultation médicale le plus tôt possible, en priant pour que Dieu guide la performance des médecins.

Lorsqu'une personne est guérie, elle doit être encouragée à témoigner auprès de sa famille, de ses connaissances et au sein de l'église, comme beaucoup de gens en viennent à croire en Jésus à travers un témoignage de guérison (Jacques 5:13-15).

Il faut aussi apprendre aux gens à accepter la volonté de Dieu, quelle qu'elle soit, car Dieu ne guérit pas tout le monde. Parfois, Dieu permet la maladie et la faiblesse physique. Parfois, il révèle à ses serviteurs pourquoi il permet cela, mais sinon, nous pouvons être sûrs qu'il y a toujours un but saint pour ce que Dieu permet dans nos vies. Dans ces cas, le croyant à l'aide spéciale que Dieu a promise à ses fils et filles pour surmonter cette épreuve (Romains 8:28; 2 Corinthiens 12:7-10).

L'Église du Nazaréen croit que Dieu est la source de la guérison physique et que ce n'est pas sa volonté que les gens souffrent de la maladie. En tant que Nazaréens, nous croyons dans la doctrine biblique de la guérison divine et nous encourageons nos membres à chercher l'occasion de prier avec foi pour les malades. Nous croyons également que Dieu utilise les professionnels de la science médicale pour apporter un soulagement à la victime.

L'Église devrait chercher des occasions de soigner les malades, les affligés et les opprimés. Nous avons également la responsabilité d'aider à prévenir les maladies qui peuvent être évitées, en enseignant aux gens à vivre en bonne santé en prenant soin de leur esprit, de leur esprit, de leurs émotions et de leur corps.

Guérison divine: la guérison physique qui a lieu miraculeusement de manière instantanée ou progressive et qui vient de la main de Dieu. Cette guérison se produit en réponse à la prière de foi des croyants et quand la volonté de Dieu ainsi dispose (Jean 4:46-53).

Don de guérison: Capacité surnaturelle donnée par le Saint-Esprit à certains chrétiens dans le but de glorifier Dieu.

Qu'avons-nous Appris?

Jésus le Christ est le Fils de Dieu incarné, envoyé par Dieu pour nous donner le salut, la vie éternelle, nous restaurer en communion avec Lui et nous adopter dans sa famille (l'Église). Par son sacrifice, nous pouvons être purifiés de tout péché et être guéris.

Leçon 3 - Qui est Jésus ?

Des Activités

INSTRUCTIONS:

1. Dans vos propres mots, décrivez qui est Jésus?
   _____
   _____
   _____
   _____

2. Pourquoi est-il si important de croire dans la divinité de Jésus, le Christ?
   _____
   _____
   _____
   _____

3. Que signifie pour le chrétien d'accepter Jésus le Christ comme son Sauveur et Seigneur?
   _____
   _____
   _____
   _____

4. Certaines personnes croient que Dieu est responsable de la douleur et de la souffrance des êtres humains. Quelle réponse leur donneriez-vous?
   _____
   _____
   _____
   _____

5. En groupes de trois ou quatre, identifiez les maladies les plus courantes chez votre communauté et pensez à certaines façons dont votre église pourrait aider à prévenir ou à atténuer ces maux.
   _____
   _____
   _____
   _____

Leçon 4

QUI EST LE SAINT-ESPRIT?

Les Objectifs

- Sachez qui est le Saint-Esprit.
- Valoriser son travail produisant notre croissance spirituelle.
- Comprendre que l'Église a besoin de la direction de l'Esprit dans sa mission.

Les Idées Principales

- Le Saint-Esprit est la troisième personne de la Sainte Trinité.
- Jésus le Christ a envoyé l'Esprit pour nous donner une Nouvelle Vie et nous apprends à vivre dans la sainteté.
- Le Saint-Esprit guide le ministère et la mission de l'Église dans le monde.

Introduction

Quelle était l'œuvre du Saint-Esprit dans la Création selon Genèse 1?

Savoir qui est et quel est le ministère de la troisième personne de la Trinité, le Saint-Esprit, est vital pour la croissance et la maturité chrétienne. Dans cette leçon, nous étudierons ce qu'est le ministère du Saint-Esprit au milieu de nous.

Le Saint-Esprit est une personne réelle qui est venue vivre parmi les vrais disciples de Jésus-Christ après que Jésus est ressuscité des morts et est monté au ciel (Jean 14:16-18). Il est Dieu, tout comme Dieu le Père et Dieu le Fils et a toutes les qualités divines.

"Nous croyons dans le Saint-Esprit, la troisième personne de la Trinité Divine, qu'Il est toujours présent et actif au sein de l'Église du Christ et avec elle, convaincre le monde du péché, régénérant ceux qui se repentent et croient, en sanctifiant les croyants et les conduisant dans toute la vérité qui est en Jésus le Christ". (Manuel de l'église du Nazaréen, Article de foi n°3).

Sa fonction principale est de témoigner aux êtres humains de la vérité révélée dans la vie et les enseignements de Jésus (Jean 15:26; 16:14). Le Saint-Esprit agit également comme un enseignant pour les chrétiens puisqu'il leur révèle la volonté et la vérité de Dieu (1 Corinthiens 2:9-14). Il est la présence vivante et active de Dieu à l'œuvre dans le monde, mais son ministère est d'une manière très spéciale agissant dans l'Église.

La venue et l'œuvre du Saint-Esprit

Dans cette section, nous étudierons pourquoi le Saint-Esprit est venu.

Le Seigneur Jésus a instruit ses disciples sur ce que serait le ministère du Saint-Esprit dans le monde, qui a été enregistré dans l'Évangile de Jean chapitre 16. Ce passage nous enseigne ce qui suit:

1. L'absence physique du Seigneur Jésus-Christ était nécessaire. Les disciples étaient tristes. Tout ce qu'ils savaient, c'est que leur maître s'éloignerait d'eux. Cependant, Jésus leur dit que c'était la meilleure chose qui pouvait leur arriver, car alors le Saint-Esprit viendrait.

Cela signifie que l'œuvre du Saint-Esprit serait plus large que celle de Jésus. En tant qu'être humain, Jésus était limité, il ne pouvait pas être, par exemple, avec ses disciples en Galilée et en Judée en même temps. Mais le Saint-Esprit ne serait pas soumis à ces limitations, mais serait présent avec les disciples de Jésus n'importe où et n'importe quand.

2. La venue du Saint-Esprit serait l'accomplissement de la promesse de Jésus le Christ. Avant de monter vers son Père, Jésus-Christ a laissé à ses disciples une Grande Commission, mais il leur a également dit: "… Et je vous assure que je serai avec vous tous les jours, jusqu'à la fin du monde" (Matthieu 28:20). Cette promesse serait une réalité par le moyen du Saint-Esprit. De plus, une telle présence renforcerait la foi des disciples et leur donnerait le pouvoir et l'autorité de faire des disciples du Christ dans toutes les nations.

3. Le Saint-Esprit convaincra le monde du péché, de la justice et du jugement. Du péché, car l'œuvre du Saint-Esprit est de convaincre les êtres humains de leur péché et de les conduire au Christ. De la justice, parce que l'Esprit Saint fait comprendre à l'être humain qu'il ne peut obtenir que le pardon de Dieu par Jésus-Christ. Du jugement, puisque le Saint-Esprit nous aide à échapper au châtiment que méritent nos péchés si nous affrontons le jugement de Dieu, en nous montrant le chemin du salut et du pardon qui est en Jésus-Christ et ainsi nous réconcilier avec Dieu.

Pour l'étude du Saint-Esprit:
Joël 2:28-32
Jean 14:15-26, 16:7-13
Actes 15:8-9
2 Thessaloniciens 2:13
1 Pierre 1:12

En conclusion, sans le ministère du Saint-Esprit, l'humanité elle-même ne pourrait jamais trouver le pardon de Dieu et se réconcilier avec Dieu par le moyen de Jésus le Christ, c'est-à-dire qu'elle serait irrémédiablement condamnée à vivre en esclavage de son péché et loin de son Créateur.

Le Saint-Esprit, notre aide

Le Saint-Esprit nous assiste, il est notre aide.

Dans le même livre de Jean 14:15-26, Jésus a enseigné certaines fonctions spéciales du ministère du Saint-Esprit pour la vie du croyant.

Ce qui suit est une adaptation contemporaine du passage de Jean 14:15-17 comme une "lettre de Jésus-Christ à l'un de ses disciples". Il explique clairement le ministère du Saint-Esprit en tant qu'aide, consolateur et conseiller:

Cher disciple:

Tu sais que je pars. Quand je t'ai dit que je devais retourner auprès de mon Père, j'ai vu ton visage et j'ai réalisé que ton cœur était triste. Mais, écoute-moi. Je le fais pour ton bien. J'aimerais passer plus de temps avec toi, mais si je n'y vais pas, tu ne recevras pas l'aide dont tu auras besoin à partir de maintenant.

Je sais que tu m'aimes. Par conséquent, tu garderas dans ton cœur tout ce que je t'ai enseigné. Mais n'oublie pas quelque chose de très important, tout comme j'ai été obéissant au Père, tu dois l'être aussi. Le Saint-Esprit que j'enverrai est la Personne qui t'aidera à être obéissant à Dieu et, en même temps, te fera te souvenir de tout ce que je t'ai enseigné. Lorsque le Saint-Esprit viendra sur toi, il te donnera le pouvoir et l'autorité d'exercer le ministère que je t'ai confié.

Leçon 4 - Qui est le Saint-Esprit?

"Si vous m'aimez, gardez mes commandements. Et moi, je prierai le Père, et il vous donnera un autre consolateur, afin qu'il demeure éternellement avec vous, l'Esprit de vérité, que le monde ne peut recevoir, parce qu'il ne le voit point et ne le connaît point; mais vous, vous le connaissez, car il demeure avec vous, et il sera en vous" (Jean 14:15-17,).

Comme Consolateur l'Esprit Saint nous réconforte, nous donne de l'encouragement, cela nous renforce.

"Le Saint-Esprit guide dans toute la vérité et vers Jésus qui est le Christ" (Leonard Gay)

Une autre raison de retourner auprès de mon Père est de préparer le lieu où tu vivras pour toujours. C'est le même endroit où j'habite. Mais pour profiter de cet endroit, tu dois être obéissant au Père en tout. Quand ce moment viendra, je te rencontrerai personnellement.

Je ne veux pas qu'il y ait de la tristesse en toi, car je prierai le Père d'envoyer le Saint-Esprit pour être avec toi et avec tous ceux qui m'aiment. Je suis désolé pour ceux qui m'ignorent ou me rejettent, car ils n'auront pas les promesses dont tu profiteras, et ils ne recevront pas le Saint-Esprit. Se souvenir des enseignements que je t'ai donnés, crois-moi, je ne les décevrai pas.

Concernant le Saint-Esprit que j'enverrai, il connaît déjà ton amour pour le Père, tes luttes et tes désirs. Il t'aidera, surtout à être obéissant en tout. Réconforter!

Ton Maître et Ami, Jésus le Christ

Le Saint-Esprit, l'aide, sera toujours aux côtés du chrétien pour qu'il se conforme aux enseignements de Jésus qui est le Christ, et soit fidèle et obéissant à Dieu le Père.

Le Saint-Esprit, notre Maître

En tant qu'enseignant, l'Esprit enseigne à vivre dans la sainteté comme le Christ.

Dans Saint Jean 14:18-24, Jésus qui est le Christ a dit qu'il ne nous laisserait pas orphelins mais qu'il serait présent avec ses disciples par le Saint-Esprit. Plus tard dans Jean 14:25-26, il décrit le ministère du Saint-Esprit en tant qu'enseignant.

Lorsque le Saint-Esprit vit dans le cœur d'un disciple du Christ, il peut guider le cours de sa vie à partir de là. Son ministère est de vous apprendre à ordonner toute votre vie pour qu'elle soit en harmonie avec la volonté de Dieu ; il révèle les vérités profondes de la Parole de Dieu et les aide à les mettre en pratique dans leur vie quotidienne.

Le Saint-Esprit illumine également leur esprit et leur rappelle les enseignements de Jésus qu'ils ont étudiés dans sa Parole. Il les aide à vivre dans la sainteté, leur guidant à prendre des décisions chaque jour, sur la base des principes et des ordonnances de la Bible..

Le Saint-Esprit nous donne la vie

Le Saint-Esprit soutient la vie de chaque être vivant dans ce monde.

Le Saint-Esprit a une tâche spéciale pour toute la création, qui est de donner vie à toutes les créatures qui existent sur la planète. Dans le livre des Psaumes chapitre 104:30, il est déclaré: *"Mais si tu envoies ton Esprit, ils sont créés, et ainsi tu renouvelles la face de la terre."* Dans le livre de Job 34:14-15, il est dit: *"S'il pensait à nous retirer son Esprit, à lui retirer son souffle de vie, toute la race humaine périrait, toute l'humanité redeviendrait poussière."* Sans la présence du Saint-Esprit, il n'y aurait aucune sorte de vie sur cette planète.

Aussi le Saint-Esprit est celui qui donne une nouvelle vie au croyant dans la régénération (Jean 3:5). Quand quelqu'un accepte Jésus comme son Sauveur personnel, c'est par le Saint-Esprit que cette personne est née de nouveau en tant que nouvelle créature en Christ. Avant qu'elle ne soit spirituellement morte, son esprit humain était séparé de Dieu et elle n'avait pas de vie éternelle. L'Esprit Saint est celui qui "régénère", c'est-à-dire qui donne vie à notre esprit, une vie qui vient de Dieu et qui nous identifie comme membres de la famille de Dieu, son Église (Romains 8:2).

Le Saint-Esprit nous donne le pouvoir de servir

Quel genre de puissance le Saint-Esprit donne-t-il au croyant?

C'est le Saint-Esprit, qui équipe les croyants pour servir les autres (Actes 2:1-13). L'une des façons dont cela nous aide est de fournir des dons spirituels, qui sont des "capacités spéciales" ou des outils pour les ministères de l'église. L'Esprit a donné l'habilité aux 120 disciples réunis le jour de la Pentecôte pour exercer leurs ministères (Actes 1:8). Ils avaient besoin du Saint-Esprit pour porter le message du salut avec courage et une grande puissance (Actes 4:8, 31; 6:10).

L'apôtre Paul a écrit à l'église de Corinthe: *"Maintenant il y a des dons différents, mais le même Esprit. Il y a différentes façons de servir, mais le même Seigneur. Il y a des différentes fonctions, mais c'est le même Dieu qui fait toutes choses en tout. Chacun reçoit une manifestation spéciale de l'Esprit pour le bien des autres. Dieu donne une parole à certains par l'Esprit de sagesse; aux autres, par le même Esprit, parole de connaissance; à des autres, la foi par le même Esprit ; aux autres, et par ce même Esprit, des dons pour guérir les malades; à d'autres, des pouvoirs miraculeux ; aux autres, la prophétie ; à d'autres, des esprits exigeants ; à d'autres, parlant dans des langues différentes ; et d'autres, l'interprétation des langues. Tout cela est fait par le même et seul Esprit, qui distribue à chacun comme il le détermine* (1 Corinthiens 12:4-11).

Ces capacités évoquées par Paul sont quelques-unes de celles que le L'Esprit s'était répandu parmi les chrétiens de l'église de Corinthe. Dans chaque temps et dans chaque contexte particulier, l'Esprit distribue à l'église des dons dont elle a besoin pour servir les gens de sa communauté. Les cadeaux ne sont jamais pour la fierté personnelle, ou pour que les croyants soient plus important que des autres, mais pour aider l'église à accomplir sa mission. Les dons aident à servir dans les différents ministères et fonctions de l'Église, afin que chacun de ses membres puisse grandir selon le modèle du Christ et servir les autres selon leur vocation particulière.

"Je mettrai mon esprit en vous, je vous ferai marcher selon mes statuts, et j'observerai soigneusement mes ordonnances" (Ézéchiel 36:27 La Bible des Amériques).

La régénération est la traduction du terme grec "palingenesia" qui signifie nouvelle naissance ou naître de nouveau et fait référence à la transformation interne que le Saint-Esprit effectue dans le nouveau croyant (Tite 3:5). D'autres termes de sens similaire sont utilisés dans Ephésiens 2:1,5; James 1:18; 1 Pierre 1:23.

> *"L'agent qui exécute la rétroaction est l'Esprit divin. Il entre tranquillement au cœur pénitent qui a cru et qui a été justifié. L'esprit transforme cette vie intérieure conformément à la nouvelle relation comme fils, héritier de Dieu et cohéritier avec le Christ (Romains 8:16-17)"* (Taylor: 1995, p. 581).

Le Seigneur a un ministère spécial pour chacun de ses disciples, pour laquelle il leur a donné des dons de l'Esprit et des capacités spéciales. Dieu veut que toutes ces ressources soient utilisées de manière responsable et humble pour servir les autres.

Le ministère du Saint-Esprit au sein de l'Église

Comment est-ce que le Saint-Esprit guide-t-il le ministère de l'Église?

Jésus le Christ a anticipé à ses disciples quelle serait l'œuvre de l'Esprit dans le monde, dans leur vie et dans l'Église. Dans Jean 16:12-15, Jésus leur a enseigné que le Saint-Esprit serait avec eux chaque jour et les dirigerait dans leurs ministères.

Les Écritures confirment que cette promesse s'est accomplie. Nous pouvons lire dans le livre des Actes sur le ministère du Saint-Esprit guidant les apôtres dans l'église primitive. Sans la présence du Saint-Esprit, l'église n'aurait pas le pouvoir et l'autorité d'accomplir le ministère de prêcher l'évangile dans toutes les nations. Il n'y a pas de domaine dans la vie de l'Église qui n'a pas besoin de la présence, de l'aide et de la direction du Saint-Esprit (Éphésiens 3:14-21).

> *"Ne savez-vous pas que votre corps est le temple du Saint Esprit qui est en vous, que vous avez reçu de Dieu, et que vous ne vous appartenez point à vous-mêmes?"* (1 Corinthiens 6:19). (La traduction de la langue Actuelle).

Plus d'enseignements concernant le Saint-Esprit dans Jean 14:16-17	
Vient du Père	Dieu s'est manifesté par l'Esprit Saint. Jésus le Christ déclare qu'il nous a envoyé rien de moins que la puissance de Dieu.
C'est une personne	Ce n'est pas une "influence", une "force" ou une "énergie". C'est une personne divine. Nous le devons respect et adoration. C'est une personne sainte qui est venu habiter dans nos vies
Son séjour au milieu de nous se poursuivra jusqu'à ce que le Christ vienne pour la deuxième fois	Le Saint-Esprit est venu rester avec nous jusqu'à la fin des temps.
Il est l'Esprit de vérité	Il est appelé "Esprit de vérité" parce qu'Il est celui qui a inspiré les Écritures et qui guide les croyant à comprendre son message (2 Pierre 1:21).
Il n'est pas dans le cœur de tous	L'Esprit de Dieu ne peut habiter qu'en celui qui a reçu une nouvelle vie en Christ.
Il vit avec et en nous	Cette distinction est importante. Il n'est pas seulement avec nous pour nous aider tous les jours aussi elle est en nous en tant que Seigneur de notre vie. De cette façon, notre corps devient, par la grâce divine, le temple de l'Esprit de Dieu.

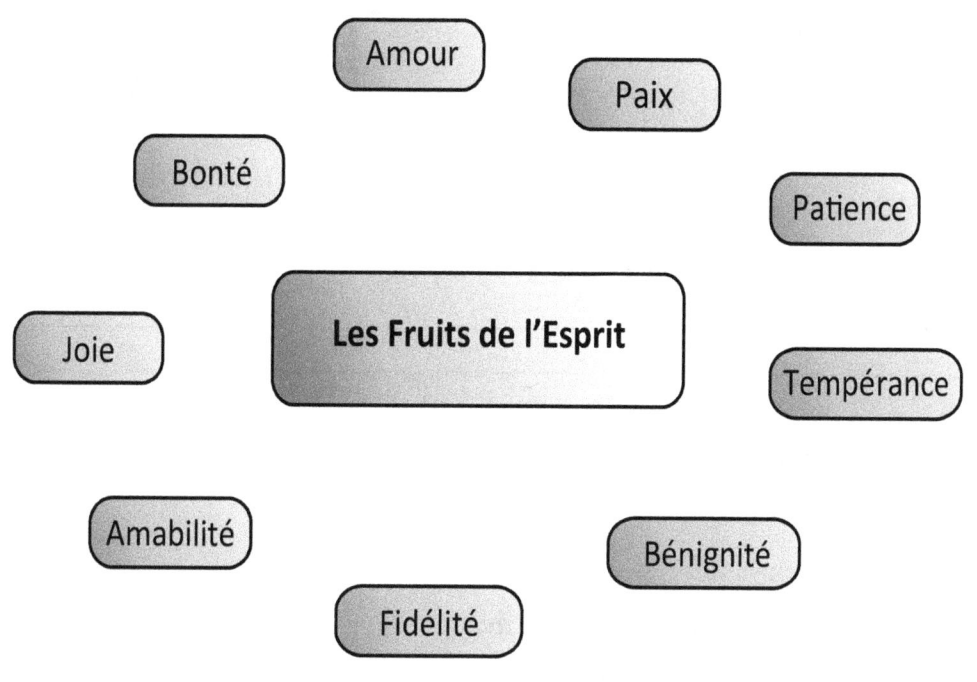

Le Saint-Esprit à l'œuvre au sein de l'église primitive:

– Les a guidés à reconnaître la vérité: Actes 5:3.

– Les a guidés dans le choix des leaders: Actes 6:3-5, 13:2, 20:28

– Les a soutenus dans le martyre: Actes 7:55.

– Il renforce les nouvelles églises: Actes 9:31.

– Il les guidait vers de nouveaux champs de mission: Actes 13:4, 16:6

Qu'avons-nous Appris?

Le Saint-Esprit est une personne divine. Son ministère en faveur du croyant et de l'église est fondamental. Il donne une nouvelle vie spirituelle au moment de la conversion et guide le croyant dans le processus de la croissance à l'image du Christ. L'Esprit sanctifie aussi le croyant au moment du remplissage de l'Esprit, l'appelant et l'équipant pour le service.

Leçon 4 - Qui est le Saint-Esprit?

Des Activités

INSTRUCTIONS:

1. Écrivez dans vos propres mots Qu'est-ce que le Saint-Esprit?
   _____
   _____
   _____

2. Dans la liste suivante, marquez d'un "x" les situations dans lesquelles il est correct de demander de l'aide à l'Esprit Saint:
   ___ Je suis tenté/e
   ___ Je suis triste ou découragé/e
   ___ Je me suis levé/e tard par paresse et je dois me rendre tôt au travail
   ___ Je suis confus/e au sujet d'une décision à prendre
   ___ Je n'ai pas le temps d'assumer ma responsabilité à la maison
   ___ J'ai du mal à payer la dîme
   ___ Je n'ai pas étudié pour un examen
   ___ M'excuser auprès de quelqu'un que j'ai offensé
   ___ Il y a une personne qui hésite à accepter le Christ comme Sauveur
   ___ Me préparer à enseigner une classe ou à prêcher

3. Après avoir lu 1 Corinthiens 6:19 et Ézéchiel 36:27, répondez Dans quel but Dieu met-il son Esprit dans ses fils et ses filles ?
   _____
   _____
   _____
   _____

4. Faites une liste de toutes les choses que vous faites en une semaine. N'oubliez pas d'inclure le repos, la nourriture, le sport, le partage en famille, etc. Ensuite, évaluez chacun d'eux avec la question suivante : Avec cette activité, j'utilise ma vie comme un temple du Saint-Esprit?
   _____
   _____
   _____
   _____

5. Après avoir prié pendant quelques minutes pour la direction de l'Esprit, revoyez votre liste d'activités précédente hebdomadaire. Y en a-t-il que l'Esprit vous montre d'éliminer pour faire de la place à d'autres pour vous aider à prendre soin ou à mieux utiliser le temple de l'Esprit qui est votre corps?
   _____
   _____
   _____
   _____

Leçon 5

Pourquoi Ai-Je Besoin D'être Sauvé?

Les Objectifs

- Valoriser l'origine et la nature de l'être humain.
- Comprendre en quoi consiste le péché.
- Connaître le plan de Dieu pour sauver l'être humain.

Les Idées Principales

- L'homme et la femme sont la création de Dieu, à son image et ressemblance.
- L'être humain a eu la liberté de choisir de faire ce qui est bien ou mauvais.
- Dieu a conçu un plan de salut en envoyant son Fils pour nous sauver du péché et nous apprend à vivre dans la sainteté.

Introduction

L'être humain porte l'image de Dieu dans l'esprit et dans l'âme.

Dans le manuel de l'Église du Nazaréen, l'article de foi numéro 5, énonce ce qui suit sur le péché, originel et personnel:

"Nous croyons que le péché est entré dans le monde par la désobéissance de nos premiers parents, et la mort par le péché. Nous croyons que le péché est de deux sortes: le péché originel ou dépravation et le péché réel ou personnel.

Nous croyons que le péché originel, ou la dépravation, est cette corruption de la nature de tous les descendants d'Adam, c'est pourquoi chaque être humain est très éloigné de la justice originelle, ou de l'état de pureté, de nos premiers parents au moment de leur création, contraire à Dieu, pas de vie spirituelle, est enclin au mal et continuellement. De plus, nous croyons que le péché originel continue d'exister dans la nouvelle vie du régénéré, jusqu'à ce que le cœur soit complètement purifié par le baptême du Saint-Esprit.

Nous croyons que le péché originel diffère du péché réel en ce qu'il constitue une propension héritée au péché réel dont personne n'est responsable tant que le remède divinement fourni n'a pas été rabaissé ou rejeté.

Dieu a conçu un plan parfait pour le salut de l'être humain. Le salut est par la grâce, c'est un don de Dieu, ce n'est pas par quelque chose que les êtres humains peuvent faire par leur propres moyens (Galates 2:16; Éphésiens 2:8-9).

Nous croyons que le péché réel ou personnel est la violation délibérée d'une loi connue de Dieu, commise par une personne moralement responsable. Par conséquent, il ne faut pas le confondre avec les défaillances, faiblesses, fautes, fautes, défaillances ou autres écarts involontaires ou inévitables par rapport à une norme de conduite parfaite, qui sont des résidus de la chute. Cependant, de tels effets, innocent n'inclut pas les attitudes ou les réponses contraires à l'Esprit du Christ, qui peuvent à juste titre être appelées péchés de l'esprit. Nous croyons que le péché personnel est principalement et essentiellement une violation de la loi de l'amour; et que par rapport à Christ, le péché peut être défini comme l'incrédulité.

(Péché originel: Genèse 3; 6:5; Job 15:14; Psaume 51:5; Jérémie 17:9-10; Marc 7:21-23; Romains 1:18-25; 5:12-14; 7:1-8:9; 1 Corinthiens 3:1-4; Galates 5:16-25; 1 Jean 1:7-8. Péché personnel: Matthieu 22:36-40 [avec 1 Jean 3:4; Jean 8:34-36; 16:8-9; Romains 3:23; 6:15-23; 8:18-24; 14:23; 1 Jean 1:9-2:4; 3:7-10)" (Manuel de l'Église du Nazaréen 2017-2021).

L'Église du Nazaréen affirme que la création de la race humaine à l'image de Dieu comprenait la capacité de choisir entre le bien et le mal et que, par conséquent, les êtres humains étaient tenus moralement responsables; que par la chute d'Adam nous sommes tous devenus pécheurs, de telle manière que maintenant par nos propres forces ou par nos propres œuvres, nous ne pouvons pas être libérés du péché et retourner à la communion avec Dieu.

Il affirme également que la grâce de Dieu, par Jésus le Christ, est librement accordée à tous les hommes, permettant à tous ceux qui le veulent, de quitter la vie de péché, de croire en Jésus-Christ comme Sauveur et Seigneur, de recevoir le pardon et la purification du péché, et apprendre à vivre dans la sainteté comme disciples du Seigneur.

Nous croyons qu'une personne qui a été sauvée peut retomber dans une vie de péché, si elle néglige sa croissance dans la vie de sainteté, et que, à moins qu'elle ne se repente et retourne à vivre dans l'obéissance à Dieu, elle recevra le même châtiment préparé pour les pécheurs.

Le salut est le fruit de l'amour de Dieu pour le monde, mais il y a une condition. Celui qui veut être sauvé doit "croire" que Jésus est le Christ (Jean 20:31), reconnaissent et confessent leur péché : *"Si nous confessons nos péchés, Dieu, qui est fidèle et juste, nous pardonnera et nous purifiera de toute iniquité"* (1 Jean 1:9).

Origine et nature de l'être humain

Dieu a créé l'être humain saint, dans l'âme, le corps et l'esprit.

Le récit de la création dans la Genèse rejette totalement les théories scientifiques qui placent l'humanité comme l'événement maximal d'un processus par étapes, et qui affirment que l'être humain diffère du reste des êtres vivants, simplement parce qu'il est un animal ou un organisme plus développé.

La Bible déclare que Dieu a créé les cieux, la terre et tout ce qui en elle existe, et comme couronne de sa création, Dieu a créé l'homme et la femme (Genèse 1:1-31). Dieu a dit : "Faisons l'homme..." on note ici la présence implicite de la Trinité Divine imaginant la création de l'être humain. Dieu est celui qui a cette initiative. Il prend la poussière de la terre pour façonner une nouvelle créature, avec qui il partagera son image et sa ressemblance. Dans Genèse 2:7, il est dit que Dieu "respirait l'esprit de vie, et l'homme était un être vivant" doté de qualités telles que l'intelligence, la volonté et les émotions. L'homme et la femme ont été créés moralement bons et sans péché, avec la capacité d'avoir une relation d'amour et de communion avec leur Créateur.

Adam et Eve partageaient tous deux l'image de Dieu, mais avec quelques différences physiques et émotionnelles, de sorte que les deux se complètent et conviennent l'un à l'autre, et accomplissent le commandement de Dieu de se reproduire et d'exercer l'intendance sur la création (Genèse 1:27, 28).

La nature de l'être humain est constituée de corps, d'âme et d'esprit, des domaines qui forment une intégralité, une personnalité unique qui ne peut être divisée. Le corps physique est ce qui lui permet d'entrer en contact avec

"L'expiation"
"Nous croyons que Jésus-Christ, par ses souffrances, par l'effusion de son sang précieux et par sa mort sur la croix, a fait une expiation complète pour tous les péchés de l'humanité, et que cette expiation est la seule base du salut et qu'il suffit à chaque individu du race d'Adam. L'expiation est heureusement efficace pour le salut des irresponsables et pour les enfants dans leur innocence, mais pour ceux qui atteignent l'âge des responsabilités, elle n'est efficace pour leur salut que lorsqu'ils se repentent et croient." (Article de foi n° 6, Manuel de l'église du Nazaréen 2017-2021).

le monde matériel, l'esprit est ce qui prévaut après la mort du corps physique et par lequel on communique avec l'Esprit de Dieu. L'âme est le centre de la vie intellectuelle, des émotions et de la personnalité.

L'image de Dieu dans l'être humain

Pourquoi Dieu a-t-il donné aux êtres humains des capacités et des qualités à son image?

Dans le Psaume 8:5-6 dans la traduction en langue courante, il est dit à propos de la création de l'homme et de la femme: *"Tu l'as fait de peu inférieur à Dieu, Et tu l'as couronné de gloire et de magnificence. Tu lui as donné la domination sur les œuvres de tes mains, Tu as tout mis sous ses pieds..."*

Le fait que Dieu ait couronné l'homme de gloire et d'honneur indique qu'il lui a donné une très haute dignité, comme mentionné dans Genèse 1:26-28. Cela implique qu'il a reçu le pouvoir d'avoir la domination sur le reste de la création ici sur terre, et en outre, il a été doté de la capacité de le gérer.

Malheureusement, l'homme a choisi d'être contraire à Dieu, et par conséquent, il était dépourvu de la gloire de Dieu (Romains 3:23), c'est-à-dire qu'il a perdu sa communion avec le Créateur. Mais Dieu, dans sa miséricorde, lui permet de dominer encore sur la création, malgré les résultats destructeurs résultant de la mauvaise gestion des ressources naturelles. La terre, demeure que Dieu nous a donnée, est en train d'être détruite par le même être humain. Si cette attitude irresponsable persiste, nous vivrons très probablement dans quelques années dans un désert complet. Le chrétien a la responsabilité de prendre soin de l'environnement et de gérer avec diligence les ressources naturelles.

La chute de l'être humain

Où commence la nature pécheresse de l'homme?

Quand Adam et Eve ont désobéi à Dieu, ils ont introduit le péché dans leur vie et dans celle de tous leurs descendants. L'image de Dieu et la relation avec le Créateur, source de vie, ont été endommagées. Leur nature originelle a été gâtée, ils sont passé de leur état de pureté à une nature pécheresse, qui les incite à faire le mal (Romains 3:23).

En tombant dans la tentation de Satan, Adam et Eve se sont rebellés contre Dieu et ont perdu leur sainteté (2 Pierre 2:4 ; Jude 6).

Olin A. Curtis, dans "The Christian Faith", énumère quatre éléments de la chute du premier couple dans Genèse 3:1-6:

1. **Appétit physique:** Eve vit que le fruit de l'arbre était bon à manger et agréable à regarder. Satan a utilisé les sens du corps humain comme un point faible pour le tenter.

Pour l'étude sur l'expiation:
Esaïe 53:5-6, 11,
Marc 10:45, Luc 24:46-48,
Jean 1:29, 3:14-17,
Actes 4:10-12, Romains
3:21-26, 4:17-25, 5:6-21,
1 Corinthiens 6:20,
2 Corinthiens 5:14-21,
Galates 1:3-4, 3:13-14,
Colossiens 1:19-23,
1 Timothée 2:3-6;
Tite 2:11-14, Hébreux 2:9,
9:11-14, 13:12,
1 Pierre 1:18-21, 2:19-25,
1 Jean 2:1-2.

Dieu déclare que les pécheurs sont faits justes devant sa face, ce n'est pas à cause de ses bonnes œuvres, mais plutôt en réponse de leur foi dans l'œuvre de Jésus le Christ sur la croix (Romains 4:5-8 et 5:1-5).

2. **Désir intellectuel, ou "curiosité"** : l'histoire dit que l'arbre "était désirable pour atteindre la sagesse". Cette curiosité fait référence au désir impatient d'expérimenter de nouveaux plaisirs ou émotions, démontrant un comportement irresponsable et irrationnel comme celui d'un enfant.

3. **La tentation incluait l'élan individuel vers l'autonomie gouvernementale.** "Est-il vrai que Dieu vous a dit de ne manger d'aucun arbre du jardin?". C'est là que la tentation atteint son paroxysme, car la suggestion de Satan induit l'idée que l'homme ne doit pas se contenter d'occuper une position subordonnée par rapport à une autorité supérieure telle que celle du Créateur

4. **Influence sociale:** Eve, après avoir transgressé, "a donné à son mari, et il a aussi mangé". Le péché engendre toujours la souffrance chez ceux qui le commettent et chez ceux qui les entourent.

Avec la chute de l'être humain, le péché entre dans le monde *"Par un seul homme le péché est entré dans le monde, et par le péché la mort est entrée; C'est ainsi que la mort est passée à toute l'humanité…"* (Romains 5:12). Le péché vient souiller la vie de l'être humain. Seulement dans le sang de Jésus le Christ, répandu sur la croix du Calvaire, se trouve la purification et le pardon des péchés.

La Bible affirme que chaque être humain a besoin d'être réconcilié avec son Créateur, afin que sa nature sainte puisse être restaurée, et que la communion avec le Dieu vivant puisse être restaurée. Cela ne peut être possible qu'avec le salut que Dieu a offert par son Fils. Jésus le Christ (Jean 3:16).

Le plan de Dieu pour sauver l'être humain du péché

Dieu fournit gracieusement les moyens nécessaires à notre salut.

Le salut est l'acte par lequel l'être humain est réconcilié avec Dieu. Nous sommes tous nés avec une nature déchue, ce qui nous conduit inévitablement à désobéir à Dieu. Ce n'est que par le sacrifice de Jésus-Christ que tous les actes de désobéissance à Dieu commis, que ce soit en pensées, en paroles ou en actes, peuvent être pardonnés (Hébreux 9:14.22). Jésus-Christ nous a permis de nous réconcilier avec Dieu, de devenir amis de Dieu, et par l'adoption d'être rendus à la famille de Dieu, comme ses enfants (Romains 5:10, 11; 2 Corinthiens 5:18, 19).

C'est par l'œuvre du Saint-Esprit que Dieu appelle les êtres humains au salut ; c'est par l'Esprit qui les convainc de péché et les éveille à prendre conscience de leur péché et à avoir besoin de pardon. C'est par la puissance du Saint-Esprit que les êtres humains se tournent vers Dieu dans la repentance et la foi, c'est aussi par l'Esprit que l'être humain naît une seconde fois et se renouvelle à l'image de Dieu.

La grâce prévenante

"Nous pensons que la création de la race humaine a l'image de Dieu, comprenait la capacité de choisir entre le bien et le mal et que, par conséquent, les êtres humains ont été créés moralement responsable; qu'à travers l'automne d'Adam, ils sont devenus dépravé, de telle manière que maintenant ils ne peuvent pas, car leurs propres forces naturelles et travaille, retourne et prépare pour la foi et pour invoquer Dieu. Mais nous croyons aussi que la grâce de Dieu, à travers de Jésus le Christ est accordée de manière gratuite pour tous les gens, en donnant la formation a tous ceux qui veulent se repentir du péché à la justice, à croire que Jésus est le Christ et recevoir le pardon et la purification du péché, et suivre les bonnes œuvres agréables et accueillant à ses yeux. Nous croyons que chaque personne, bien qu'elle ait l'expérience de la régénération et l'entière sanctification, elle peut tomber en disgrâce et apostasier et, sauf si elle regrette ses péchés, dans le cas contraire, tous seront perdus pour toujours et sans espoir." (Article de foi n° 7, Manuel de l'Église du Nazaréen 2017-2021)

Leçon 5 - Pourquoi Ai-Je Besoin D'être Sauvé?

Se repentir est une rupture radicale avec le péché et une volte de face active vers Dieu.

La repentance
"Nous croyons que le regret, c'est un changement sincère et complet de l'esprit concernant le péché, avec la reconnaissance de la culpabilité personnelle et séparation du péché volontaire, il faut de tous ceux qui, par action ou but, ils sont devenus pécheurs contre Dieu. L'Esprit de Dieu donne à tous ceux qui veulent se repentir l'aide à la contrition bénigne de cœur et d'espoir miséricorde, afin qu'ils puissent croire pour recevoir le pardon et vie spirituelle." (Article de Foi n° 8, Manuel de l'Église du Nazaréen 2017-2021).

Cette œuvre du Saint-Esprit dans le monde, John Wesley la décrit comme la "grâce prévenante" guidant les hommes et les femmes dans "le premier désir de plaire Dieu, le premier rayon de lumière concernant sa volonté, et la première conscience profonde d'avoir péché contre Lui". Cette grâce agit sur le pécheur afin qu'il soit disposé à écouter la bonne nouvelle du salut afin que vous ayez l'opportunité de prendre la décision de vous repentir, de croire en Jésus et d'être sauvé.

Deux personnes sont impliquées dans le salut : Dieu et l'homme. Chacun participe de la manière suivante:

Ce que fait l'être humain	Ce que Dieu fait
Se repentir (Actes 17:30)	**Justifier** : acte dans lequel Dieu accorde le pardon absolu de toute culpabilité, déclare innocent le coupable et est considéré comme juste.
Croire pleinement que Jésus est le Christ (foi)	**Régénère** : met son Esprit Saint dans sa vie, renouvelle, restaure, il lui fait renaître en tant qu'enfant de Dieu. C'est le début du processus de sanctification.
Commence le processus du discipulat	**Adopte** : le nouveau croyant dans sa famille et l'accorde tous les privilèges d'un fils.

Que signifie être justifié?

Cette section étudiera les bienfaits du salut.

La justification est un acte juridique instantané de la part de Dieu par lequel il est déclaré que nos péchés sont pardonnés et que la justice de Christ nous appartient et nous sommes déclarés sans culpabilité devant Dieu.

Dans sa lettre aux Romains, l'apôtre Paul a enseigné les avantages que reçoit la personne justifiée:

– **Celui qui est justifié est un bienheureux (4:7-8).** L'apôtre Paul utilise la même expression que Jésus-Christ a utilisée dans le Sermon sur la montagne (Matthieu 5). Dans la langue originale, cela signifie: Comme c'est heureux… ! En ce sens, il ne s'agit pas seulement d'une affirmation, mais d'une exclamation: "Qu'il est heureux l'homme justifié et libéré par le Christ!

– **Les justifiés ont la paix (5 : 1-5).** Ce que Paul exprime n'est pas la paix qui est le produit d'une discipline mentale ou que l'individu peut créer, mais que cette paix vient de l'assurance d'avoir été pardonné par Dieu.

– **Les justifiés espèrent en la gloire de Dieu (5:2).** Celui qui a le salut retrouve confiance en Jésus qui est le Christ. C'est une personne qui regarde vers l'avenir avec espérance, a foi dans les autres, a confiance que Dieu accomplira toutes ses promesses et qu'il sera toujours son Père aimant.

Dans l'illustration suivante, on peut voir le processus du salut, qui va de la position du péché de l'être humain, à la position de joie et de bonheur qui découle de la relation restaurée avec Dieu, à travers Jésus le Christ :

Le péché
est la désobéissance et se rebeller contre la volonté connue de Dieu. Le péché peut être une mauvaise pensée, rejeter Dieu, s'idolâtrer soi-même, être égoïste, avoir de la confiance dans ses propres efforts humains, avoir un comportement que DIEU n'aime pas ou nier d'obéir aux instructions spécifiques de Dieu. Cela signifie littéralement "Manquer la marque". Pour Wesley "Le péché est une transgression volontaire d'une loi connue" (Orton Wiley: 1976, p. 203).

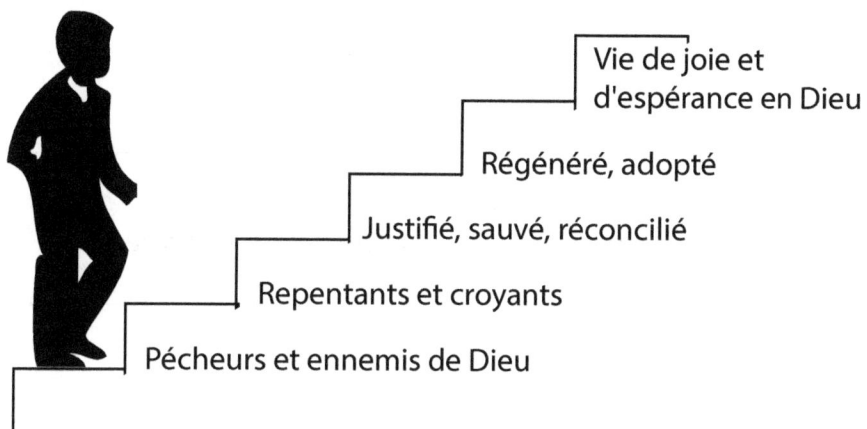

Par le moyen du pardon, Dieu efface, déblayer, détruire ou enlever les obstacles qui se tiennent entre l'homme et Dieu, et entre l'homme et ses semblables (Esaïe 38:17, Michée 7:19).

Qu'avons-nous Appris ?

Tous les êtres humains sont séparés de Dieu en étant coupables devant la justice divine de leur péché. La seule solution pour se libérer du péché personnel et de ses conséquences a été fournie par Dieu en Jésus le Christ, qui, en mourant à notre place sur la croix, a permis à tous ceux qui croient en Lui d'être pardonnés et de vivre une Vie Nouvelle et éternelle dans la paix et la communion avec Dieu (Jean 3:16).

Leçon 5 - Pourquoi Ai-Je Besoin D'être Sauvé?

Des Activités

INSTRUCTIONS:

1. Nommez quelques qualités dans votre vie qui reflètent l'image de Dieu.
   _____
   _____
   _____

2. Expliquez dans vos propres mots : que doit faire une personne pour être libérée du péché.
   _____
   _____
   _____
   _____

3. Lisez Colossiens 2:13-14 et 3:3. Complétez ensuite les phrases suivantes:
   a) Ceux qui vivent en commettant le péché n'appartiennent pas aux _____ de Dieu.
   b) En recevant le pardon de nos péchés, nous recevons _____ avec le Christ.
   c) Ceux qui vivent en Christ sont morts pour _____.

4. Que fait Dieu de nos péchés selon Psaume 103:12; Esaïe 43:25 et Hébreux 10:16-17?
   _____
   _____
   _____

5. Partagez en groupes de 3 ou 4 un bref témoignage sur la façon dont votre vie a changé après le pardon de vos péchés.

Leçon 6

Comment Puis-Je Être Sanctifié?

Les Objectifs

- Reconnaître que la vie sainte est le désir de Dieu pour tous ses enfants.
- Valoriser l'expérience de l'entière sanctification.
- Désirer un progrès continu dans la vie sainte.

Les Idées Principales

- La sanctification a eu lieu dans la vie du chrétien par le remplissage de l'Esprit Saint.
- La sanctification donne au chrétien le pouvoir de manifester l'amour de Dieu dans sa vie en servant les autres.
- Pour être rempli du Saint-Esprit, il faut désirer de tout cœur vivre pour Dieu, faire mourir l'égoïsme et renoncer à tout ce qui empêche de servir Dieu.

Introduction

Le chrétien peut-il être saint? Dans cette partie de la leçon, on étudiera ce que les Nazaréens disent de la sanctification. Dans l'article de foi numéro 10 de l'Église du Nazaréen, il est dit:

"Nous croyons que l'entière sanctification est cet acte de Dieu, après la régénération, par lequel les croyants sont libérés du péché originel, ou de la dépravation, et sont amenés dans un état d'entière dévotion à Dieu et à la sainte obéissance de l'amour rendue parfaite.

Cela est exécuté par le baptême du Saint-Esprit et contient en une seule expérience la purification du cœur du péché et la présence permanente du Saint-Esprit, donnant au croyant la puissance nécessaire à la vie et au service.

Cette expérience est également connue sous divers noms qui représentent ses différentes phases, telles que la perfection chrétienne, l'amour parfait, la pureté du cœur, le baptême du Saint-Esprit, la plénitude de la bénédiction et la sainteté chrétienne.

Nous pensons qu'il existe une distinction claire entre un cœur pur et un caractère mature. Le premier s'obtient instantanément grâce à l'entière sanctification; la seconde est le résultat de la croissance dans la grâce.

Nous croyons que la grâce de l'entière sanctification inclut le besoin de grandir dans la grâce. Pourtant, cette dynamique doit être cultivée consciemment et une attention particulière doit être accordée aux exigences et aux processus de développement du caractère spirituel et christique et amélioration de la personnalité. Sans un tel effort déterminé, son témoignage peut être affaibli et la grâce peut être terne et finalement perdue"... (Manuel de l'Église du Nazaréen 2017-2021).

> John Wesley a résumé la sanctification comme étant "la manifestation d'amour."

Qu'est-ce que la sanctification?

L'entière sanctification est être remplie de l'amour de Dieu.

En tant que wesleyens, nous comprenons que le processus de sanctification commence dans l'expérience de la conversion ou de la nouvelle naissance, où Dieu nous baptise de son Saint-Esprit. Après cette première expérience de salut, la Bible enseigne une seconde œuvre de grâce nécessaire à la vie du chrétien. Ce n'est pas facultatif, mais nécessaire pour que vous puissiez rester fermes et grandir dans votre Nouvelle Vie selon le modèle du Christ.

Nous, Nazaréens, croyons qu'il vient un temps où la nouvelle créature en Christ comprend qu'elle a besoin d'être libérée de la condition pécheresse qui lutte en elle contre sa volonté d'obéir en tout à son Seigneur. L'être humain n'est pas coupable de cette condition, mais a été transmis par héritage d'Adam, ainsi qu'à tous les êtres humains.

Cette condition pécheresse leurs encourage à chercher à satisfaire leurs propres désirs égoïstes, plutôt que de rechercher d'abord la volonté de Dieu. Le chrétien qui vit dans cette lutte se sent coupable de ces mauvais penchants dont il ne peut se débarrasser par sa propre force ou volonté (Psaume 51:7; Actes 15:8, 9; Éphésiens 5:25-27; 1 Jean 1:7). Paul décrit cette condition comme "l'esprit pécheur" (Romains 8:6), "la loi du péché et de la mort" (Romains 8:2), la "vieille nature" et le "corps pécheur" (Romains 6:6), ou la "racine amère" (Hébreux 12:15).

> **Le péché originel:** c'est la première transgression de l'homme à la loi de Dieu. Le péché d'Adam et Eve passa à tous les hommes de génération en génération et donc toute l'humanité a la nature d'hériter pécheur en Adam.

John Wesley a résumé la sanctification comme "la manifestation de l'amour". Ce n'est que lorsque nous sommes complètement remplis du Saint-Esprit que nous pouvons aimer Dieu et les autres de tout notre être. Jésus a résumé la volonté de Dieu pour notre vie comme une vie d'amour parfait: *"Aime le Seigneur ton Dieu de tout ton cœur, de toute ton âme, de toute ta pensée et de tout tes forces ... Aime ton prochain comme toi-même. Il n'y a pas d'autre commandement plus important que ceux-ci"* (Marc 12:30-31).

La Bible enseigne que la sanctification est:

1. **Un commandement de Dieu** (Matthieu 5:48; 22:37, 39).

2. **Le dessein de Dieu pour ses enfants.** Par son amour et sa miséricorde, Dieu désire partager sa nature divine avec nous (Jean 17:20-23; Éphésiens 3:14, 19; 1 Thessaloniciens 5:23).

3. **Puissance de Dieu.** Par le Saint-Esprit, Dieu désire partage avec nous sa puissance et son autorité (Actes 1:8).

4. **Une promesse de Dieu.** Il a promis de nous donner de sa sainteté si nous sommes disposés à marcher selon sa volonté. (Deutéronome 30:6; Psaume 130:8; Ézéchiel 36:25, 29; Romains 8:3, 4; 2 Corinthiens 7:1; Éphésiens 5:25-27 et 1 Jean 3:8).

Cette expérience est-elle pour tout le monde?

La sainteté est la volonté de Dieu pour tous ses fils et filles.

Le Nouveau Testament nous dit que la volonté de Dieu est notre sanctification. C'est-à-dire que nous soyons saints devant Lui et devant notre prochain. Pour cette raison, Jésus le Christ a supplié son Père pour que ses disciples, et ceux qui devaient croire en lui dans les générations futures, soient sanctifiés dans la vérité (Jean 17:19-20).

Dans 1 Thessaloniciens 5:23, Paul déclare: *"Que le Dieu de paix vous sanctifie lui-même toute entièrement; et que tout votre être — esprit, âme et corps — soient conservés irréprochables pour la venue de notre Seigneur Jésus le Christ"*. Ce verset contient cinq enseignements importants:

1. **La sanctification est l'œuvre de Dieu.** La même Écriture le déclare. Dieu est saint et il veut que nous soyons saints comme il l'est.

2. **La sanctification est complète.** L'apôtre veut que Dieu sanctifie complètement le chrétien, c'est-à-dire dans l'esprit, l'âme et le corps.

3. **La sanctification est pour cette vie.** N'attendez pas que le moment de la mort vienne. La sanctification est pour cette vie et aussi pour la vie éternelle.

4. **La sanctification atteint chaque partie de la nature humaine.** "Tout votre être" signifie que l'être total de l'homme, ses affections, sa volonté, ses pensées et ses motivations doivent être sanctifiés.

5. **La sanctification prépare les chrétiens à la venue du Seigneur.** La sanctification prépare le chrétien au jugement final. C'est pourquoi l'entière sanctification ne doit pas être remise au retour du Seigneur Jésus-Christ, mais MAINTENANT elle doit être recherchée et obtenue, car si l'on collabore avec Dieu dans ce processus de sanctification, le chrétien sera trouvé irréprochable, c'est-à-dire irréprochable à la venue du Christ.

Tout comme les croyants de Thessaloniciens, tous ceux qui ont accepté le Christ comme leur Seigneur et Sauveur ont besoin de croître continuellement à mesure qu'ils sont transformés en le caractère de Jésus le Christ.

> *"Comme nous avons ces promesses, Chers frères, purifions-nous de tout ce qui pollue le corps et esprit, pour compléter dans crainte devant Dieu a l'œuvre de notre sanctification"* 1 Corinthiens 7:1.

La part humaine dans la sanctification

Comment le croyant se prépare-t-il à être rempli de l'Esprit ?

John Wesley a enseigné qu'il y a trois facteurs qui préparent le croyant à être entièrement sanctifié. La repentance est le premier facteur. Cette repentance est différente de celle qui précède l'expérience de la conversion. Cela ne provient pas de la culpabilité pour le péché commis, mais de la découverte des désirs pécheurs qui habitent son être, dont il ne peut se libérer malgré tous ses efforts.

Le deuxième facteur est le désir de mourir au péché, de se débarrasser de toute trace de péché qui habite votre être. Le troisième facteur est la foi, c'est-à-dire la confiance que Dieu le délivrera de cette inclination au péché. La foi permet de croire que Dieu opérera dans son être cette purification désirée (Actes 15:8, 9; 26:18; Galates 6:14).

Dans l'expérience de l'entière sanctification, l'être humain joue un rôle important, placé entre ses mains répond à l'amour de Dieu, en consacrant tout son être entièrement pour que le Seigneur l'utilise comme le meilleur lui semble.

L'acte de consécration a ses racines dans l'Ancien Testament. Il est demandé au peuple d'Israël de se sanctifier pour servir Jéhovah (Josué 3:5). Dans le Nouveau Testament, l'attitude qui est demandée à l'être humain, il s'agit de "se rendre" ou de "présenter" leur être complet à Dieu (Romains 6:13; 19; 12:1 [VLS 1995]) et cet acte de consécration ne peut être accompli que par une personne née de nouveau (Romains 6:13 [VLS 1910]).

L'apôtre Paul a enseigné que chaque chrétien est appelé à présenter tout son être comme un sacrifice vivant et agréable à Dieu (Romains 12:1 [LSG 1995]).

Ce sacrifice de soi ou offrande volontaire vient d'un cœur reconnaissant en réponse à l'amour de Dieu. L'acte de consécration est réalisé à travers une prière d'abandon inconditionnel qui inclut toutes les vies, capacités et possessions, à la fois dans le temps présent, ainsi que ce qui viendra dans le futur, c'est un abandon complet de la vie au service de Dieu.

Le remplissage de l'Esprit est une condition requise pour tout service rendu à Dieu: *"C'est pourquoi, frères, choisissez parmi vous sept hommes, de qui l'on rende un bon témoignage, qui soient pleins d'Esprit Saint et de sagesse, et que nous chargerons de cet emploi"* Actes 6:3 (Version Louis Segond 1910).

> Le remplissage de l'Esprit est requis pour tout service à Dieu : "… choisissez parmi vous sept hommes, de qui l'on rende un bon témoignage, qui soient **pleins d'Esprit Saint** et de sagesse, et que nous chargerons de cet emploi" (Actes 3:6).

La part divine dans la sanctification

Que fait Dieu pour purifier nos cœurs?

L'action de Dieu en remplissant ses enfants du Saint-Esprit dans la sanctification est celle de la sanctification, de la purification du péché ou du nettoyage. C'est quelque chose que le chrétien lui-même ne peut pas faire.

Dans l'entière sanctification, tout l'être, esprit, âme et le corps, est soumis à la seigneurie du Christ (Romains 8:7). Cependant, cette expérience ne rend pas le chrétien parfait, dans le sens où il ne peut pas se tromper dans sa pensée et son action. Mais en étant sanctifié, le Seigneur purifie les intentions de votre cœur afin que vos pensées, vos paroles et vos actions soient continuellement dirigées vers ce qui plaît à Dieu.

La personne sanctifiée n'est pas libre de pécher. C'est pourquoi il doit prendre grand soin de son salut, en restant dans une obéissance continue, en examinant sa vie et en étant docile à la direction de l'Esprit Saint, qui le corrige et le conduit à être de plus en plus semblable au Christ (Philippiens 2:12). La décision de vivre dans la pureté et de servir Dieu de toutes ses forces doit être renouvelée chaque jour.

Cette seconde œuvre de grâce reçoit différents noms tels que: la sanctification du croyant, l'entière consécration, la perfection de l'amour ou le remplissage de l'Esprit. C'est grâce à cette expérience que le croyant, désormais sanctifié, est enclin à obéir à cent pour cent à la volonté de Dieu. Dans la sanctification, la nature humaine est vraiment changée et entre en harmonie authentique avec la volonté de Dieu et l'image de Dieu peut être renouvelée dans ses fils et ses filles (1 Thessaloniciens 5:23).

L'entière sanctification n'est pas la dernière étape à atteindre dans la vie du croyant, mais le début d'une vie de croissance "dans la grâce et la connaissance de notre Seigneur et Sauveur Jésus le Christ" (2 Pierre 3:18 LSG).

"Que le Dieu de paix vous sanctifie lui-même toute entièrement; et que tout votre être — esprit, âme et corps — soient conservés irréprochables pour la venue de notre Seigneur Jésus le Christ" (1 Thessaloniciens 5:23 LSG).

Des suggestions pour étudier cette leçon:

Sanctification	
Jérémie 31:31-34	1 Jean 1:7-9
Ézéchiel 36:25-27	2 Corinthiens 6:14-7:1
Malachie 3:2-3	Galates 2:20; 5:16-25
Matthieu 3:11-12	Éphésiens 3:14-21; 5:17-18, 25-27
Luc 3:16-17	Philippiens 3:10-15
Jean 7:37-39; 14:15-23; 17:6-20	Colossiens 3:1-17
Actes 1:5; 2:1-4; 15:8-9	1 Thessaloniciens 5:23-24
Romains 6:11-13; 19; 8:1-4; 12:1-12	Hébreux 4:9-11; 10:10-17; 12:1-2; 13:12

"Perfection chrétienne" ou "amour parfait"	
Deutéronome 30:6	Philippiens 3:10-15
Matthieu 5:43-48; 22:37-40	Hébreux 6:1
Romains 12:9-21; 13:8-10	I Jean 4:17-18
1 Corinthiens 13	

Le baptême du Saint-Esprit	
Jérémie 31: 31-34	1 Pierre 1:22
Ézéchiel 36: 25-27	1 Jean 3:3
Malachie 3:2-3	Actes 1:5; 2:1-4; 15: 8-9
Matthieu 3:11-12	Romains 15:29
Luc 3:16-17	

Sainteté chrétienne	
Matthieu 5:1 – 7:29	1 Thessaloniciens 3:13; 4:7-8; 5:23
Jean 15:1-11	2 Timothée 2:19-22
Romains 12:1-15:3	Hébreux 10:19-25; 12:14; 13:20-21
2 Corinthiens 7:1	1 Pierre 1:15-16
Éphésiens 4:17-5:20	2 Pierre 1:1-11; 3:18
Philippiens 1:9-11; 3:12-15	Jude 20 et 21
Colossiens 2:20-3:17	

L'**entière sanctification** est une œuvre instantanée de Dieu, mais c'est aussi un processus par lequel le chrétien grandit selon le modèle de Jésus le Christ.

Qu'avons-nous Appris?

L'entière sanctification ou remplissage de l'Esprit est la volonté de Dieu pour tous ses fils et filles. Pour recevoir cette seconde expérience, après la conversion, le croyant doit donner toute sa vie en offrande au service de son Dieu. En réponse, Dieu purifie sa vie de tous les mauvais penchants et le remplit de son Saint-Esprit. C'est par le remplissage de l'Esprit que l'amour parfait de Dieu se développe et grandit dans la vie du chrétien, le conduisant à être de plus en plus le Christ et à aimer comme le Christ.

Leçon 6 - Comment Puis-Je Être Sanctifié?

Des Activités

INSTRUCTIONS:

1. Pourquoi est-ce la volonté de Dieu que nous soyons sanctifiés?
   _____
   _____
   _____

2. Sous quels autres noms l'expérience de l'entière sanctification est-elle connue?
   _____
   _____
   _____

3. Qui peut recevoir l'expérience de l'entière sanctification et pourquoi?
   _____
   _____
   _____

4. À votre avis, quels sont les obstacles qui empêchent un fils ou une fille de Dieu d'être rempli de l'Esprit?

   1. _____
   2. _____
   3. _____

5. En binôme, partagez vos opinions sur les points suivants : Si une personne vous demande : Pourquoi ai-je besoin d'être rempli de l'Esprit?

   Choisissez ensuite deux des meilleures réponses de chaque paire et partagez-les avec le reste de la classe.
   _____
   _____
   _____
   _____
   _____
   _____
   _____

Leçon 7

QUEL EST LE BUT DE L'ÉGLISE?

Les Objectifs

- Retracer l'origine et la nature de l'Église.
- Réfléchir à la mission de l'Église.
- Valoriser le baptême et la Cène du Seigneur.

Les Idées Principales

- L'Église a été fondée par Jésus qui est le Christ, qui en est la tête et dont le corps est composé de ses disciples qui le servent parmi les nations.
- Les sacrements sont des moyens de grâce ordonnés par Jésus le Christ, pour nous aider à grandir dans la foi et dans l'unité en tant que Peuple de Dieu.

Pour l'étude de l'église:
Exode 19:3;
Jérémie 31:33;
Matthieu 8:11, 10:7, 16:13-19, 24, 18:15-20, 28:19-20;
Jean 17:14-26, 20:21-23;
Actes 1:7-8, 2:32-47, 6:1-2, 13:1, 14:23;
Romains 2:28-29, 4:16, 10:9-15, 11:13-32, 12:1-8, 15:1-3;
1 Corinthiens 3:5-9, 7:17, 11:1, 17-33, 12:3, 12:31, 14:26-40;
2 Corinthiens 5:11-6:1;
Galates 5:6, 13-14, 6:1-5, 15;
Éphésiens 4:1-17, 5:25-27;
Philippiens 2:1-16;
1 Thessaloniciens 4:1-12;
1 Timothée 4:13;
Hébreux 10:19-25;
1 Pierre 1:1-2, 13, 2:4-12, 21, 4:1-2, 10-11;
1 Jean 4:17; Jude 24;
Apocalypse 5:9-10.

Introduction

Qu'est-ce que l'Église ? Est-ce juste une organisation humaine? Comment l'Église a-t-elle émergé?

Dans l'article de foi numéro 11, sur l'Église, les Nazaréens affirment:

"Nous croyons en l'église, la communauté qui a confessée Jésus le Christ comme Seigneur, le peuple de l'alliance de Dieu renouvelé en Christ, le Corps du Christ appelé à être un par le Saint-Esprit à travers la Parole. Dieu appelle l'Église à exprimer sa vie dans l'unité et la communion de l'Esprit; en adoration pour et par la prédication de la Parole, dans l'observance des sacrements et en œuvrant en son nom; pour l'obéissance au Christ et la responsabilité mutuelle.

La mission de l'église dans le monde est de continuer l'œuvre rédemptrice du Christ dans la puissance de l'Esprit, à travers une vie sainte, l'évangélisation, la formation de disciples et le service. L'Église est une réalité historique organisée sous des formes culturellement adaptées; elle existe à la fois comme congrégations locales et comme corps universel; met à part les personnes appelées par Dieu pour des ministères spécifiques. Dieu appelle l'Église à vivre sous son règne en prévision de la consommation à la venue de notre Seigneur Jésus le Christ". (Manuel de l'Église du Nazaréen 2017-2021).

Comment l'Église est-elle née?

Dans cette section, on va apprendre comment l'Église est née.

Depuis le début de l'histoire humaine, Dieu a voulu former son peuple. A cet effet, il appela Abraham à qui il promit de susciter un grand peuple de sa descendance pour être une bénédiction pour toutes les familles de la terre (Genèse 12:1-9). Finalement, Israël est devenu cette nation choisie par Jéhovah, mais ils ont facilement oublié la mission que Dieu les avait confiés pour être la lumière des nations. Plus tard, Dieu annonce à travers les prophètes qu'il formera un peuple avec des gens de toutes les nations et ce peuple à lui est l'Église (1 Pierre 2:9-10).

Malgré la piètre performance d'Israël dans sa mission, Dieu a accompli son dessein et a envoyé son Fils Jésus le Christ, qui par son ministère, sa mort et sa résurrection, commence le ministère de l'Église, laissant à ses disciples la responsabilité de prêcher l'Évangile à toute la créature (Matthieu 28:18-20).

Les chrétiens marquent la naissance de l'Église le jour de la Pentecôte, lorsque les cent vingt disciples réunis au Cénacle, après une longue période de prière, furent remplis de l'Esprit Saint et commencèrent à évangéliser et à faire des disciples parmi des gens des nations rassemblées dans la ville de Jérusalem (Actes 2:1-42).

Temple et église, sont-ils synonymes?
Selon la Bible, l'église n'est pas le lieu où le bâtiment où nous nous rencontrons pour donner culte à Dieu. L'église est l'ensemble des personnes qui se rencontrent pour adorer, apprendre du Seigneur et avoir de la communion (2 Corinthiens 6:16). Chaque fois que l'église est rassemblée, c'est parce que Dieu a convoqué pour être plus tard envoyé dans le monde pour le servir.

Des caractéristiques de l'Église

À quoi ressemble la véritable Église de Jésus le Christ?

Traditionnellement, les théologiens voient dans l'Église du Christ des caractéristiques particulières qui la distinguent. Par exemple:

1. **L'église du Seigneur est visible et en même temps invisible.** Elle est visible parce que nous pouvons voir nos frères dans les congrégations locales, mais elle est invisible parce qu'elle est composée de chrétiens des générations passées qui sont en présence du Seigneur.

2. **L'église est locale et universelle.** Locale, lorsqu'il fait référence au groupe de fidèles qui se rassemblent dans un lieu. Universelle, car il inclut la totalité des croyants de toutes races et de tous les temps.

3. **L'église est une et diverse.** L'unité de l'Église est dans sa condition d'être une au sein du Christ. Mais elle est diverse car elle se manifeste dans différentes congrégations locales.

4. **L'église est sainte et imparfaite.** Puisque le Christ est saint, alors en tant que Corps spirituel du Christ, elle est aussi sainte ; cependant, comme il est composé de personnes, il a toujours besoin d'être purifié du péché.

"De la manière que dans un corps nous avons beaucoup de membres, mais pas tous les membres n'ont de la même fonction, ainsi donc comme nous, étant nombreux, nous sommes un seul corps en Christ, et tous les membres sont un des autres" (Romains 12:4-5).

Les métaphores de l'église

Grâce aux métaphores bibliques, on peut en apprendre davantage sur l'Église.

Lorsque la Bible veut enseigner des vérités sur l'Église du Christ, elle utilise des comparaisons, des paraboles ou des figures. Nous étudierons ce qu'enseignent certaines des métaphores de l'Église dans le tableau suivant:

Leçon 7 - Quel Est Le But De L'église?

Des métaphores bibliques de l'église	Passages	Enseignement Principal
Un troupeau de brebis	Jean 10:1-18	Jésus-Christ est le Bon Berger, qui se soucie, nourrit et défend son Église (troupeau), au point qu'il a donné sa vie pour elle.
L'Épouse du Christ	Apocalypse 19:7-8	Jésus-Christ est l'Époux qui vient pour épouser l'Église, qui se prépare dans la sainteté pour les Noces de l'Agneau, événement qui se produira dans sa deuxième venue.
Édifice	Ephésiens 2:19-22	Le fondement de l'Église ce sont les apôtres et les prophètes, la pierre angulaire qui prend en charge l'ensemble du bâtiment, qui est le Christ. Ce bâtiment est temple saint et demeure de l'Esprit qui est en croissance continuelle ajoutant plus de disciples.
Corps du Christ	Romains 12:3-8; 1 Corinthiens 12:12-27	L'Église est unie au Christ, son leader spirituel (chef). Ses membres s'entraident et chacun remplit sa fonction (ministère) spécial en pratiquant les dons de l'Esprit.
Le peuple de Dieu (nation sainte)	1 Pierre 2:9	Tout comme Dieu a choisi Israël parmi les autres peuples à être son peuple saint, ainsi aussi l'Église a été choisie pour être le nouveau peuple de Dieu.

Les chrétiens sont un sacerdoce royal
En tant que sacerdoce royal, les chrétiens ont le privilège d'intercéder en prière devant Dieu pour ceux qui sont dans le péché, de sorte qu'ils consacrent leur vie au Christ et être sauvés.

Le Corps du Christ était un des figures préférées que Paul ait utilisé quand il parlait de l'Église. Pourquoi? William Barclay répond: "Les membres du corps ne se disputent pas, ni s'envient, ils ne contestent pas non plus leur importance relative. Chaque partie du corps développe sa propre fonction, peu importe à quel point cette fonction est importante ou humblement cachée".

Les sacrements ou moyens de grâce

Dans cette section, nous étudierons les pratiques ordonnées par Jésus.

Les sacrements sont ces pratiques et célébrations qui ont été ordonnées par Jésus et que l'Église accomplit. Celles-ci sont très importantes car elles communiquent les enseignements fondamentaux de la foi chrétienne, aident à affirmer l'identité en tant que Peuple de Dieu, à renforcer la communauté entre frères et sœurs, et de partager la présence du Christ par l'action de l'Esprit Saint.

Le théologien Orton Wiley explique la signification du sacrement comme suit: "Un signe extérieur et visible d'une grâce intérieure et spirituelle qui nous est donnée, ordonnée par le Christ comme moyen par lequel nous recevons cette grâce, et la promesse de nous l'assurer" (1976, p. 428).

Toutes les confessions de foi n'ont pas le même point de vue sur le sens des sacrements. Par exemple, l'Église catholique romaine et l'Église orthodoxe grecque célèbrent sept sacrements : le baptême, la communion, la confirmation, la pénitence, l'extrême-onction, l'ordination et le mariage. Mais, la plupart des Églises protestantes ne reconnaissent que deux sacrements : Le baptême et la sainte cène, car ce sont les seuls que Jésus le Christ a institués (Matthieu 28:19, 26:26-27).

Sainte Cène ou Communion

Le Repas du Seigneur est une fête spirituelle de la communion avec le Christ.

L'Église du Nazaréen déclare dans son article de foi numéro 13:

"Nous croyons que la Cène commémorative et de communion instituée par notre Seigneur et Sauveur Jésus-Christ, est essentiellement un sacrement du Nouveau Testament, déclarant sa mort expiatoire, par les mérites desquels les croyants ont la vie et le salut, et la promesse de toutes les bénédictions spirituelles en Christ. C'est particulièrement pour ceux qui sont prêts à apprécier avec révérence sa signification, et par cela annoncer la mort du Seigneur jusqu'à ce qu'il revienne. Etant la fête de la Communion, seuls ceux qui ont la foi au Christ et l'amour des saints doivent être appelés à y participer". (Manuel de l'Église du Nazaréen 2017-2021).

Dans 1 Corinthiens 10:14 à 11:26, l'apôtre Paul enseigne à l'Église l'importance de célébrer fréquemment la Cène du Seigneur.

1. Paul a fait une différence entre la communion du païen avec ses idoles et la communion du chrétien avec le Christ.

2. C'est un enseignement que l'Église a reçu directement du Seigneur. Du point de vue de Paul, la Cène du Seigneur pratiquée par l'Église a remplacé la fête juive de la Pâque. C'est parce que la communion est une célébration des moyens utilisés pour notre libération spirituelle, c'est-à-dire le corps et le sang de Jésus versés pour nous sur la croix du Calvaire. Le pain partagé représente le corps du Christ et le jus de raisin représente son sang.

3. C'est une fête où la promesse du retour de notre Seigneur Jésus-Christ pour la deuxième fois est rappelée et célébrée à l'avance.

4. Célèbre l'unité des membres de l'Église. Au verset 10:17 Paul déclare: "Puisqu'il y a un seul pain, nous qui sommes plusieurs, nous participons tous; pour cette raison, nous formons un seul corps".

5. C'est une nouvelle occasion de rendre grâce pour la Nouvelle Vie que Dieu nous a donnée à cause de son grand amour et miséricorde. Chaque fois que nous participons à cette table à laquelle le Seigneur invite, il est célébré et rappelé que notre salut a eu un prix élevé qui a été pourvu par Dieu à travers son Fils Jésus le Christ.

Sacrement: Vient de sacro, qui signifie sacré.

Pour l'étude des sacrements:
1 Corinthiens 10:14-22, 11:23-24;
Actes 8:26-39;
Romains 6:1-13.

Le baptême

Dans cette section, la signification du baptême sera étudiée.

> *"Ensuite il prit du pain; et, après avoir rendu grâces, il le rompit, et le leur donna, en disant: Ceci est mon corps, qui est donné pour vous; faites ceci en mémoire de moi"* (Luc 22:19).

Depuis l'époque de l'Ancien Testament, les Juifs baptisaient ceux qui, ayant appartenu à d'autres peuples et religions, voulaient se convertir au judaïsme. Jean-Baptiste, le précurseur de Jésus dans son ministère, baptisait ceux qui se repentaient de leurs péchés et voulaient commencer une vie dans l'obéissance à Dieu dans le Jourdain (Matthieu 3:1-12).

Avant de monter au ciel, Jésus-Christ a commandé à ses disciples: *"Tout pouvoir m'a été donné au ciel et sur la terre. Allez donc faire de toutes les nations des disciples, les baptisant au nom du Père et du Fils et du Saint-Esprit, et enseignez-les à observer tout ce que je vous ai prescrit. Et voici, je suis avec vous tous les jours, jusqu'à la fin du monde"* (Matthieu 28:18-20).

Dans son premier sermon, Pierre prêchait: *"Repentez-vous, et que chacun de vous soit baptisé au nom de Jésus Christ, pour le pardon de vos péchés; et vous recevrez le don du Saint Esprit"* (Actes 2:38). Ainsi, pour participer au sacrement du baptême, il fallait croire que Jésus est le Christ et se repentir.

William Barclay dit que pour les premiers chrétiens (Actes 8:26-39), le baptême signifiait au moins trois choses:

Trois formes de baptême:
- Aspersion: arroser ou éclabousser avec de l'eau.
- Affusion: Verser un peu d'eau.
- Immersion: Plonger tout le corps dans l'eau

1. **Purification du péché.** L'eau a toujours été un symbole de nettoyage.

2. **Cela a marqué un moment déterminant dans la vie.** C'est le début d'une nouvelle vie en tant que disciple de Jésus qui est le Christ.

3. **C'était une véritable union avec Christ.** En s'immergeant dans les eaux, il était comme mourir et être enseveli, comme l'était le Christ, et comme son Maître, il ressuscitait aussi à une nouvelle vie (Romains 6:1-4).

L'Église du Nazaréen souligne la valeur du sacrement du baptême en affirmant le nouveau disciple dans la vie chrétienne dans son article de foi numéro 12:

Pour l'étude du baptême:
Matthieu 3:1-7, 28:16-20;
Actes 2:37-41, 8:35-39, 10:44-48, 16:29-34, 19:1-6;
Romains 6:3-4;
Galates 3:26-28;
Colossians 2:12;
1 Pierre 3:18-22.

*"Nous croyons que le **baptême** chrétien, ordonné par notre Seigneur, est un sacrement qui signifie l'acceptation des bienfaits de l'expiation de Jésus le Christ, qui doit être administré aux croyants, et qui déclare leur foi en Jésus le Christ comme leur Sauveur, et son plein dessein d'obéissance dans la sainteté et la justice. Le **baptême** étant un symbole de la nouvelle alliance, les jeunes enfants peuvent être baptisés, à la demande de leurs parents ou tuteurs, qui promettent l'enseignement chrétien nécessaire. Le **baptême** peut être administré par aspersion, infusion ou immersion, selon la préférence du candidat. (Manuel de l'Église du Nazaréen 2017-2021).*

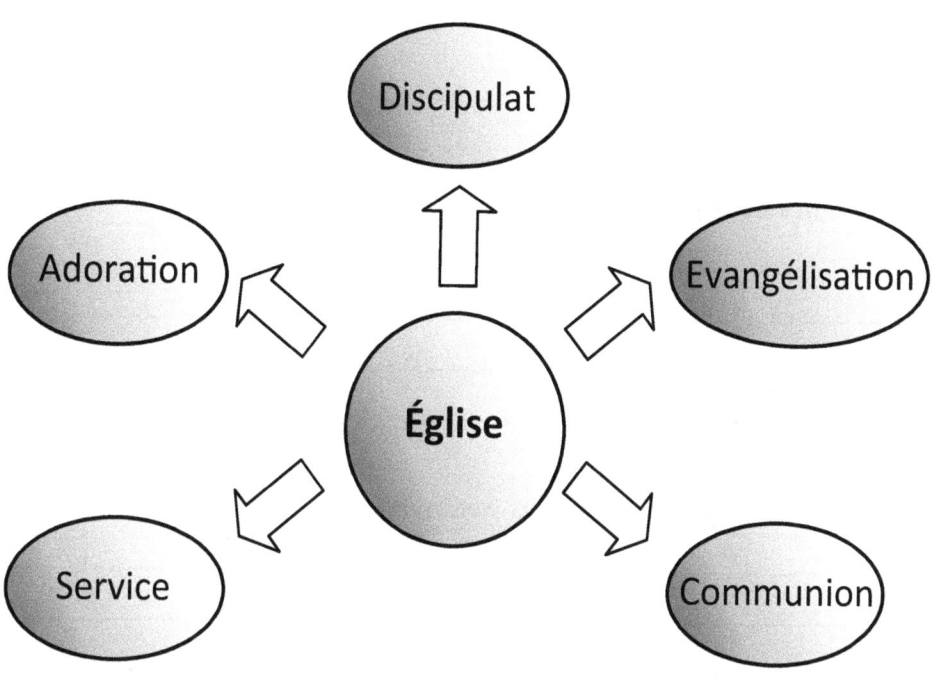

Cinq fonctions principales de l'Église

Pour l'étude du Repas du Seigneur:
Exode 12:1-14;
Matthieu 26:26-29;
Marc 14:22-25;
Luc 22:17-20;
Jean 6:28-58;
1 Corinthiens 10:14-21, 11:23-32.

Un certain missionnaire qui avait le coutume de baptiser leur convertis dans une rivière, les a fait entrer dans l'eau le long d'un rivage et, une fois qu'ils finissent de les baptiser, ils les ont indiqué de sortir sur la rive opposée, comme si au moment du baptême aurait été tracé une ligne qui les a envoyés à une nouvelle direction dans la vie.

Qu'avons-nous Appris?

L'Église a été fondée par Jésus le Christ dans le but que ses disciples se réunissent pour adorer, se nourrir de la Parole, ayant la communion et par leur service envers leur communauté et l'évangélisation ils fassent des disciples du Christ. L'Église est par nature sainte et divine, mais aussi humaine et imparfaite. Jésus a établi deux sacrements, le baptême comme symbole de la Nouvelle Naissance en tant que disciple et Communion, comme un rappel permanent de l'union de son peuple à son Seigneur.

Leçon 7 - Quel Est Le But De L'église?

Des Activités

INSTRUCTIONS:

1. Quels sont l'origine et le but de l'existence de l'église?
___
___
___
___

2. Expliquez dans vos mots pourquoi temple et église ne sont pas synonymes?
___
___
___
___

3. Complétez l'acrostiche suivant sur l'Église telle qu'elle est étudiée dans cette leçon.

    A. _ _ _ _ _ _ _ _ _ _ _ _ I _ _ _ _
    B. _ _ _ _ _ G _ _ _ _ _ _ _ _ _ _
    C. _ _ _ _ _ L _
    D. _ _ E _ _ _ _ _ _ _ _
    E. _ _ _ _ _ _ _ S _ _ _
    F. _ _ _ _ _ _ I _ _
    G. _ _ _ _ _ _ _ _ A _

A. Une des métaphores de Paul de l'Église.
B. Un des buts de l'existence de l'Église.
C. Dans 1 Pierre 2 : 9, il est dit que tous les chrétiens, juifs et non juifs, forment maintenant un seul…
D. Fondateur de l'Église.
E. L'un des deux sacrements pratiqués par les églises protestantes.
F. Un autre nom pour le sacrement de la Cène du Seigneur.
G. Église composée de tous les croyants de toutes races et de tous âges.

Leçon 8

QUE DIT LA BIBLE AU SUJET DE L'AVENIR?

Les Objectifs

- Clarifier la signification du "Royaume des Cieux".
- Identifier les événements de la seconde venue du Christ.
- Connaître le jugement final et la vie éternelle.

Les Idées Principales

- Le Royaume de Dieu est une réalité passée, présente et future.
- Il y a plusieurs faits dans l'histoire du Salut qui sont encore sur le point d'arriver, tels que le jugement final, la punition des ennemis de Dieu et la récompense de son peuple fidèle.
- Le Royaume de la justice de Jésus qui est le Christ sera pleinement établi sur son peuple à sa seconde venue.

Introduction

Il existe différentes interprétations sans aucune base biblique sérieuse sur les événements qui entoureront la deuxième venue du Christ. Beaucoup de personnes discutent, écrivent des livres et même des films de cinéma sur la façon dont il s'agira et quand ce sera la "grande tribulation", l'enlèvement de l'Église, la révélation de l'Antéchrist et jette la confusion à ce sujet.

Il est important de se rappeler que, étant donné que Jésus le Christ a monté aux cieux, il y a eu ceux qui disent qu'il sait le jour et l'heure de sa venue, mais nous ne devrions pas nous laisser confondre puis que Jésus lui-même a dit que le seul qui sait le jour et l'heure de son retour, est le Père céleste (Matthieu 24:36).

Dans cette leçon, nous nous limiterons à étudier ce que l'Église du Nazaréen croit et enseigne sur les futurs événements entourant la venue du royaume éternel de Jésus le Christ, basant sur la Parole de Dieu.

Il est ordinaire que nous soyons curieux de la deuxième venue du Christ, mais nous devons accepter qu'il y ait des choses que Dieu a conservée pour lui-même, car seulement il lui correspond (Actes 1:7). Ce que nous savons, est que Jésus qui est le Christ peut venir à tout moment, donc vous devez toujours être préparé en vivant dans la sainteté.

Le Royaume de Dieu

D'où provient-il? Où et quand le Royaume de Dieu aura lieu?

Le thème du royaume de Dieu est très important de comprendre les événements actuels et futurs, pour cette raison qu'il est essentiel de savoir ce que le mot se réfère quand il parle du royaume de Dieu?

Celui qui a enseigné le plus clairement au royaume était le Seigneur Jésus qui est le Christ. Il a proclamé son message comme "l'évangile du Royaume" (Matthieu 4:12, 13,17). Jésus le Christ a enseigné que le Royaume de Dieu est entré dans le monde avec Lui et que son autorité de roi de ce royaume est illimitée.

Le thème du Royaume de Dieu est l'un des plus discutés de la théologie chrétienne parce qu'il y a des interprétations différentes. L'une des plus répandues dans notre contexte est celle de l'Église catholique romaine, qui affirme que tout ce qui n'appartient pas à l'Église catholique romaine est en dehors du Royaume de Dieu. Cette interprétation qui limite le royaume de Dieu à une organisation humaine est la même chose que des groupes sectaires tels que les témoins de Jéhovah et les Mormons.

Cependant, quand on étudie la Bible, il est clair que ce royaume ne se limite pas à une organisation, mais il s'étend à tous les enfants de Dieu. Ce royaume se développe en trois fois historique, car il a eu son début, il s'étend aujourd'hui et existera pour toujours.

1) **Le royaume est venu avec le Christ, qui est son Roi.** Ceci comme tout autre royaume a ses lois, mais dans ce cas, les lois sont écrites au cœur de ceux qui l'appartiennent.

2) **Le royaume est en expansion,** il gagne du territoire avec chaque nouvelle vie qui accepte le Christ comme Sauveur et Seigneur.

3) **Le Royaume entrera dans sa plénitude au sein de la deuxième venue du Christ,** lorsque son gouvernement illimité et éternel sera créé sur son peuple et toute la création (Marc 1:14-15).

En conclusion, il peut être affirmé que le Royaume de Dieu est présent dans ce monde en ce moment dans la vie de chaque personne qui vit sous la seigneurie de Jésus qui est le Christ (Matthieu 12:22-28; 13:44-46, Marc 4:3; 12:34, Luc 17:20-21).

La signification du mot "royaume", du Grec Basileia, a deux sens un concret "Dominion", "territoire", "royaume" ou "les gens sur lesquels le roi gouverne" et l'autre abstrait indiquant "souveraineté" ou "vrai pouvoir". Quand on dit que "l'évangile du royaume de Dieu" est prêché "l'évangile du Royaume de Dieu", ne fait pas référence à un point géographique en soi, mais à la souveraineté de Dieu.

La seconde venue du Christ

Que croyons-nous les Nazaréens sur la deuxième venue du Christ?

Lorsque Jésus qui est le Christ est venu pour la première fois, il avait une mission a remplir, prêcher la bonne nouvelle du Royaume de Dieu et de consommer le plan du salut pour être crucifié, mort et augmenté (Actes 10:39-41). Une partie de sa mission consistait à établir son église afin qu'il continue avec le travail qu'il a commencé, la charger de faire des disciples du royaume dans toutes les nations (Actes 10:42-43).

Jésus le Christ a promis à son église qu'il reviendrait dans toute sa puissance et sa gloire (Actes 1:11). Dans le Nouveau Testament, cet événement est décrit avec le mot grec parousia qui signifie être présent ou présence (2 Corinthiens 4:1-3). Ce mot se traduit également comme venant ou arrivée (1 Thessaloniciens 4:13).

L'Église du Nazaréenne ne raisonne pas sur l'ordre des événements futurs, ni à propos du jour, Jésus reviendra. Dans son article de la foi numéro 15 sur "la Deuxième Venue du Christ" déclare:

Nous croyons que le Seigneur Jésus le Christ reviendra de nouveau; que ceux qui vivent au moment de son arrivée, ne purgeront pas ceux qui ont

En ce qui concerne le temps de son accomplissement, les prophéties de la Bible ont été classées en trois types:

1. Prophéties et accomplissement. Ce sont ceux qui font référence à la population d'Israël et de Juda, à la première venue de Jésus qui est le Christ et à la création de l'Église à travers la venue du Saint-Esprit pour vivre dans le cœur des fils et des filles de Dieu.

2. Les prophéties dans le processus de l'accomplissement. Ce sont des événements liés à l'histoire de la nation d'Israël et de l'Église.

3. Les prophéties ne sont pas encore accomplies. Les références à l'avenir d'Israël et de l'Église, et particulièrement celles liées à la deuxième venue de Jésus le Christ et à la création du royaume éternel de Dieu.

La nature du Royaume est céleste parce que c'est et vient de Dieu (Matthieu 6:9, 10, 33; 12:28; 21:31, 43).

dormi en Jésus le Christ; mais si nous sommes restés attachés avec lui, nous serons enlevés avec les saints ressuscités pour nous réunir avec le Seigneur dans les airs et nous serons toujours avec lui". (Manuelle de l'Église du Nazaréen 2017-2021).

Plus tard, dans l'article de foi numéro 16 sur "La Résurrection, le jugement et le destin" déclare-t-il:

"Nous croyons dans la résurrection des morts, que les corps des justes et des injustes seront ressuscités et unis de leur esprit - ceux qui ont fait le bien, viendra à la résurrection de la vie; mais ceux qui ont fait la mauvaise, à la résurrection de condamnation.

Nous croyons au jugement futur dans lequel chaque personne apparaîtra devant Dieu d'être jugée selon ses faits dans cette vie.

Nous croyons que ceux qui sont sauvés pour croire en Jésus qui est le Christ et le suivre dans l'obéissance, ils assurent la vie glorieuse et éternelle; et que ceux qui restent impénitents jusqu'à ce qu'ils souffrent éternellement en enfer". (Manuelle de l'Église du Nazaréen 2017-2021).

Par conséquent, l'Église du Nazaréen comprend que la Bible présente l'histoire de l'humanité et de l'univers non cycliquement mais linéaire, et qu'elle progresse selon le plan de Dieu envers le temps de la venue de Jésus qui est le Christ et que Dieu établira à jamais le royaume de la justice éternelle. La Bible enseigne qu'à l'époque du Christ, certains événements seront étudiés brièvement ci-dessous.

La résurrection des morts

Que se passe-t-il avec l'esprit quand une personne meurt?

Le passage de la vie présente à la vie éternelle est quelque chose que tous les êtres humains vont à expérimenter tôt ou tard. Beaucoup devront passer par l'expérience de la mort, mais ce n'est pas le point final à l'existence humaine, mais le passage à une autre façon d'existence.

Après la mort, les gens sont toujours dans un état de conscience, c'est-à-dire qu'ils continuent éveillés, ils peuvent communiquer et se sentir. Jésus a enseigné que tous ses fils et filles lors de la mort sont immédiatement emmenés dans un endroit où ils restent avec lui, qui est décrit comme "Paradis" (Luc 23:43). Paul décrit cette expérience comme quelque chose agréable et extraordinaire, car, dans ce cas, le croyant est livré des souffrances associées à la vie dans la chair, telles que la douleur, la maladie, la persécution, la tristesse, entre autres (Philippiens 1:21-24). Mais Jésus a également décrit l'expérience qu'il attend en mourant ceux qui l'ont rejeté, qui aura une douleur et une souffrance continue (Luc 16:19-31).

Mais ici, tout n'arrive pas à sa fin, quand le Christ vient pour une seconde fois, tous les morts seront ressuscités. Dans le livre de Jean 5:28-29, Il est

L'Apôtre Paul a enseigné sur l'espérance futur du chrétien dans ce royaume qui entrera dans sa plénitude avec le Christ dans sa seconde venue et qu'il apporte une justice parfaite, une paix et une joie sur la terre pour toujours (Romains 14:17, Colossiens 1:13, 1 Corinthiens 6:9, 15:50, Galates 5:21, Éphésiens 5:5, 2 Timothée 4:1,18).

écrit: "Ne vous étonnez pas de cela; car l'heure vient où tous ceux qui sont dans les sépulcres entendront sa voix, et en sortiront. Ceux qui auront fait le bien ressusciteront pour la vie, mais ceux qui auront fait le mal ressusciteront pour le jugement".

Lorsqu'une personne meurt, le corps physique revient au sol, qui est la matière avec laquelle il a été créé (Genèse 3:19), mais son esprit ne meurt pas. Dans la résurrection, l'esprit est ressuscité dans un nouveau corps différent transformé dans sa nature, où chaque personne poursuivra son existence éternelle (1 Corinthiens 15:23, 42-44). Tous les êtres humains ressusciteront (Apocalypse 20:12,13), les croyants seront ressuscités pour la vie et les incroyants seront ressuscités pour la condamnation (Daniel 12: 2, Jean 5:29).

Ceux qui sont en vie au moment de la venue du Christ vivront une transformation où ils recevront ainsi que ceux qui ont ressuscité un corps pour l'éternité. L'apôtre Paul et Jean dans le livre de la révélation, rejoignent cet événement de la résurrection des morts, un autre événement où le Seigneur se réunira à jamais avec son église (1 Thessaloniciens 4:16-18).

La Seconde Venue du Christ comme une promesse du salut n'est pas seulement pour les fils et les filles de Dieu, mais pour toute la création qui souffre la contamination du péché et attend également le jour de sa libération (Romains 8: 18-21). Cette doctrine de la deuxième venue du Christ a été l'un des piliers de la foi chrétienne et a soutenu d'espoir à l'Église en tout temps au milieu de la souffrance et de la persécution.

Le jugement final

De quoi s'agit le jugement final?

Jésus qui est le Christ viendra comme juge pour juger toute l'humanité et cela se produira après que tous les morts se sont levés (Jean 5: 22,23, Actes 17:31, 2 Corinthiens 5:10). Le but de ce jugement est de punir ceux qui par leur propre volonté auraient refusé de vivre dans l'obéissance à la Parole de Dieu et de récompenser ceux qui étaient des disciples de Jésus qui est le Christ.

Dans ce tribunal, chaque personne sera jugée selon ses œuvres, ses pensées, ses paroles et ses motivations au cours de cette vie (Daniel 7:9, 10; Ecclésiastes 12:14; Romains 2:16; Judas 14, 15; Apocalypse 20:11- 13). Bien que le nettoyage du péché soit reçu par la foi et non par les œuvres, dans le jugement final, chaque bonne œuvre sera récompensée (2 Corinthiens 5:10).

La vie éternelle

Dans cette section, on va apprendre sur "Le ciel".

Quand les chrétiens parlent de "Le ciel" réellement la vie éternelle qui est préparée pour tous les fils et filles de Dieu. Dans certains d'autres passages de la Bible, il s'appelle cet endroit comme "la ville Sainte", "la nouvelle Jérusalem", "Tabernacle de Dieu" (Apocalypse 21:2,3).

Bien qu'il n'y ait pas beaucoup d'informations au sein de la Bible au sujet de cet endroit, cependant, nous avons été révélés comme suit:

Ce jour de sa seconde venue reçoit des noms différents tels que: "Le jour du Seigneur", "la venue du fils de l'homme" (Matthieu 24:27), "La venue du Seigneur" (1 Thessaloniciens 4:15, Jacques 5:7-8), "La venue du Jour de Dieu" (2 Pierre 3:12) et est décrit comme le début d'une période de jugement pour l'humanité et récompense pour ses disciples fidèles (Esaïe 2:2-4; 24:21, Daniel 2:44, 7:13-14, Psaume 24, Amos 5:18, Zacharie 8:3, Matthieu 26:64, Marc 14:62, Luc 22:69, Actes 1:9-11).

Pour étudier sur la Seconde venue du Christ:

*Matthieu 25:31-46;
Jean 14:1-3; Actes 1:9-11;
Philippiens 3:20-21;
1 Thessaloniciens 4:13-18;
Tite 2:11-14;
Hébreux 9:26-28;
2 Pierre 3:3-15;
Apocalypse 1:7-8, 22:7-20.*

- C'est une vie de bonheur complet, où le croyant sera continuellement en présence de Dieu (Psaume 16:11) et en parfaite communion avec Dieu et l'agneau (Apocalypse 22: 3-5).

- C'est un endroit où la gloire de Jésus le Christ sera révélée dans sa plénitude (Jean 17:24).

- Là-bas, le croyant continuera à accroitre tout comme Jésus le Christ, car il le connaîtra comme Il est (1 Jean 3: 1-2).

- C'est un lieu de sainteté plein. Il n'y a pas de péché, d'injustice ou de mal (Isaïe 35:10, Apocalypse 21:27).

- Toute la création rendra la louange, l'honneur et la gloire à Jésus qui est le Christ pour toujours (Apocalypse 5:13).

Jésus a dit au revoir à ses disciples disant qu'il préparerait cet endroit spécial pour être avec eux éternellement (Jean 14:2-3).

L'enfer

Est-ce que l'enfer est un mythe ou existe vraiment?

La Bible enseigne que les décisions prises par l'homme dans cette vie ont des conséquences éternelles. Bien que la croyance commune des gens soit qu'ils puissent réparer les comptes avec Dieu après la mort, la Bible enseigne que rien qui ne soit fait dans cette vie ne peut être changé après la mort.

L'éternité est quelque chose que tous les êtres humains vivront, ni ceux qui sont sauvés en Christ, les musulmans, les bouddhistes, les athées ou toute autres croyances. La vérité est qu'aucun être humain n'a de contrôle ou peut changer ce qui lui attend après la mort.

Pour étudier les événements futurs:

*Genèse 18:25;
1 Samuel 2:10;
Psaume 50:6; Esaïe 26:19;
Daniel 12:2-3;
Matthieu 25:31-46;
Marc 9:43-48;
Luc 16:19-31, 20:27-38;
Jean 3:16-18, 5:25-29,
11:21-27; Actes 17:30-31;
Romains 2:1-16, 14:7-12;
1 Corinthiens 15:12-58;
2 Corinthiens 5:10;
2 Thessaloniciens 1:5-10;
Apocalypse 20:11-15,
22:1-15;
Matthieu 22:37-39, 27:34;
Romains 12:1-2;
1 Corinthiens 6:19-20,
9:24-27.*

Dieu a révélé que tous ceux qui rejetaient volontairement la grâce salvatrice du Seigneur sont condamnés à une vie éternelle dans un lieu de tourment appelé "l'Enfer" (Matthieu 23:33, Marc 16:16, Jean 3: 17-19).

Comme "le ciel", l'enfer est un endroit réel et concret. Le mot que Jésus décrivait cet endroit où Dieu va jeter ses ennemis est Géhenne. Dans le livre de la révélation, cet endroit est décrit comme un lac d'incendie et de soufre (Apocalypse 21: 8).

Contrairement aux blagues qui se font généralement sur l'enfer, qui décrivent Satan comme le roi de cet endroit, qui est ravi de tourmenter les êtres humains, la Parole de Dieu exprime que cet endroit est particulièrement réservé à Satan et à tous ses démons: *"Et le diable, qui les séduisait, fut jeté dans l'étang de feu et de soufre, où sont la bête et le faux prophète. Et ils seront tourmentés jour et nuit, aux siècles des siècles"* (Apocalypse 20:10).

Ce n'est pas la volonté de Dieu que les êtres humains aient cette fin, mais ils sont eux-mêmes condamnés en rejetant l'offre du salut par Jésus le Christ. Le seul moyen de se débarrasser de cette destination finale de la douleur et de la mort est d'accepter le Christ comme Sauveur, afin d'être inscrit dans le livre de la vie:

"*Puis je vis un grand trône blanc, et celui qui était assis dessus. La terre et le ciel s'enfuirent devant sa face, et il ne fut plus trouvé de place pour eux. Et je vis les morts, les grands et les petits, qui se tenaient devant le trône. Des livres furent ouverts. Et un autre livre fut ouvert, celui qui est le livre de vie. Et les morts furent jugés selon leurs œuvres, d'après ce qui était écrit dans ces livres. La mer rendit les morts qui étaient en elle, la mort et le séjour des morts rendirent les morts qui étaient en eux; et chacun fut jugé selon ses œuvres. Et la mort et le séjour des morts furent jetés dans l'étang de feu. C'est la seconde mort, l'étang de feu. Quiconque ne fut pas trouvé écrit dans le livre de vie fut jeté dans l'étang de feu*" (Apocalypse 20:11-15).

La grâce salvatrice du Seigneur a été donnée pour le monde entier et personne absolument dont personne n'a besoin d'être perdu en enfer, c'est le message d'espoir que chaque être humain a besoin d'entendre.

"*Veillez donc, puisque vous ne savez ni le jour, ni l'heure* " (Matthieu 25:13).

Qu'avons-nous Appris?

L'Eglise du Nazaréen croit que la Bible enseigne que Jésus reviendra pour juger les vivants et les morts. En son retour, tous ceux qui sont morts seront ressuscités avec un corps transformé. Il récompensera ses fils et ses filles fidèles en les prenant à un lieu de vie éternelle en sa présence, appelé le ciel. Ceux qui l'ont rejeté, les entendront dans un lieu de tourment éternel avec le diable et les démons, appelé l'enfer.

Leçon 8 - Que Dit La Bible Au Sujet De L'avenir?

Des Activités

INSTRUCTIONS:

1. Dans vos propres mots, expliquez qui sont ceux et celles qui appartiennent actuellement au Royaume de Dieu et qui sont ses ennemis?

___

2. On a été étudié que la seconde venue du Christ peut se produire à tout moment ... Et si cela s'aurait passé cette semaine? Faites une liste de ces choses que vous devez faire dans votre propre vie cette même semaine pour se préparer pour la seconde venue du Christ.

___

3. Elaborer une liste de ces choses que vous devez faire pour aider votre famille et frères de l'Eglise, de se préparer pour la seconde venue du Seigneur Jésus qui est le Christ.

___

4. Écrire le nom des personnes qui sont proches de vous et que vous êtes assuré que s'ils meurent, ils iront en enfer. Ensuite, prenez un certain temps pour prier en classe et aider un jour et prier cette semaine pour que Dieu utilise votre vie pour que ces gens puissent être sauvés.

___

Évaluation Finale

COURS: PRINCIPES POUR LA VIE CHRETIENNE

Nom de l'étudiant/e: _____

Église ou centre où vous avez étudié: _____

District: _____

Enseignant/e du cours: _____

Date de cette évaluation: _____

1. Expliquez avec vos propres mots comment ce cours vous a permis d'évaluer la doctrine de l'Eglise du Nazaréen.

_____
_____
_____
_____
_____

2. Évoquez un thème du cours qui a été profitable pour votre croissance dans la vie chrétienne.

_____
_____
_____
_____
_____

3. Saisissez une question que vous avez eue et qui ont été répondue au cours de ce cours.

_____
_____
_____
_____
_____

4. Qu'avez-vous appris dans la pratique ministérielle du cours?

_____
_____
_____
_____

5. À votre avis, comment ce cours pourrait-il être amélioré?

_____
_____
_____
_____

Bibliographie

Livres:

Clarke, Adam. *Comentario de la Santa Biblia III (Commentaire de la Sainte Bible III)*. Kansas City, Casa Nazarena de Publicaciones: 1974.

Dunning, H. Ray. *Grace, Faith and Holiness.* Kansas City, Beacon Hill Press: 1988.

Grudem, W. *Teología Sistemática* (Tomo I) *[Théologie Systématique (Volume I)]*. Miami, Florida, Vida: 2007.

Eglise du Nazaréen. Manuel de l'Eglise du Nazaréen 2007-2021.

Leonard, Gay. *Artículos de Fe. En que creen los Nazarenos y porqué (Articles de foi dans laquelle les Nazaréens croient et pourquoi)*. Kansas City, Casa Nazarena de Publicaciones: 2009.

Marshall, I. Howard, Millard, A.R., Packer J.I. and D.J. Wiseman. *New Bible Dictionary.* 3rd edition, Intervarsity Press: 1996.

Mastronardi, Mónica. *Lo que creemos los nazarenos (Ce que nous croyons entant que Nazaréens).* San José, C.R. Iglesia del Nazareno, Región MAC: 2002.

Purkiser, W.T. *Explorando Nuestra fe Cristiana (Exploration de notre foi chrétienne).* Kansas City, Casa Nazarena de publicaciones: 1988.

_____ *Creencias para la Vida (La croyance à la vie).* Kansas City, Casa Nazarena de Publicaciones: 1964.

Purkiser, W.T, W.T. R. Taylor, W. Taylor. *Dios, hombre y salvación (Dieu, l'homme et le salut).* Kansas City, Casa Nazarena de Publicaciones: 1991

Riofrío, Víctor. *Teología Sistemática I. (Módulo del estudiante) [Théologie systématique I. (Module étudiant)].* San José, C.R. Asociación CN-MAC: 2003.

_____ *Teología Sistemática II. (Módulo del profesor) [Théologie systématique II. (Module de l'enseignant)].* San José, C.R. Asociación CN-MAC: 2003.

Taylor, Richard S., Willard H. Taylor y J. Kenneth Grider. *Diccionario Teológico Beacon (Dictionnaire Théologique Beacon).* Kansas City, Casa Nazarena de Publicaciones: 1995.

Vine W.E. *Diccionario expositivo de palabras del Antiguo y Nuevo Testamento exhaustivo de Vine (Dictionnaire expositif des mots de l'Ancien et du Nouveau Testament exhaustif de Vine).* Nashville, Tennessee, Caribe: 1999.

Wiley Orton. *Introducción a la teología cristiana (Introduction à la théologie chrétienne).* Kansas City, Beacon Hill Press: 1976.

www.ingramcontent.com/pod-product-compliance
Lightning Source LLC
Chambersburg PA
CBHW080942040426
42444CB00015B/3411